...a mia moglie,
un faro nella mia vita.
Francesco

MEDIAZIONE TRIBUTARIA : ASPETTI TECNICI E RAPPORTI CON I TRADIZIONALI ISTITUTI DEFLATTIVI

Francesco Luciano

SOMMARIO

PREMESSA — 13

CAPITOLO 1
La mediazione in Europa — 17

CAPITOLO 2
La situazione in Italia — 23
I tradizionali istituti deflattivi del contenzioso — 31
   L'Autotutela — *33*
   L'Acquiescenza — *37*
   Adesione ai processi verbali di constatazione — *39*
   Adesione all'invito al contraddittorio — *41*
   Accertamento con adesione — *43*
   Conciliazione giudiziale — *52*

CAPITOLO 3
Art.17-bis "Il reclamo e la mediazione" — 59
Decorrenza — 63
Ambito di applicazione del nuovo istituto — 66
   Fattispecie ammesse al reclamo — *67*
   Parte resistente nell'eventuale giudizio — *73*
   Valore delle controversie — *76*
Atto di reclamo — 84
Legittimazione a presentare istanza — 88
La tempistica — 90
La notifica — 92

A CHI PRESENTARE L'ISTANZA	94
DOCUMENTAZIONE DA ALLEGARE ALL'ISTANZA	96
IMPOSTA DI BOLLO E CONTRIBUTO UNIFICATO	98
EFFETTI DELL'ISTANZA DI MEDIAZIONE	100
PROPOSTA DI MEDIAZIONE	102
TRATTAZIONE DEL RECLAMO	104
IL PROCEDIMENTO DI MEDIAZIONE	108

CAPITOLO 4

CONCLUSIONE DELL'ACCORDO E RIDUZIONE SANZIONI	113
COSTITUZIONE IN GIUDIZIO	119
SPESE PROCESSUALI	125

CAPITOLO 5

RAPPORTO RECLAMO E AUTOTUTELA	127
RAPPORTO RECLAMO E CONCILIAZIONE GIUDIZIALE	129
RAPPORTO RECLAMO E ACCERTAMENTO CON ADESIONE	130

Considerazioni Conclusive — 133

Tabella dei codici tributo da utilizzare nel modello di pagamento F24 — 136

fac-simile istanza — 139

BIBLIOGRAFIA — 143

SITOGRAFIA — 147

PRASSI — 149

PREMESSA

Sempre più spesso i contribuenti sottoposti a verifiche, controlli e ispezioni sentono la necessità di non affrontare le lungaggini processuali, dovute a un incerto contenzioso, per contrastare le pretese del fisco. Nel presente lavoro si affronterà il tema innovativo della mediazione tributaria, che l'articolo 39, comma 9, del decreto-legge 6 luglio 2011, n. 98, convertito, con modificazioni, dalla legge 15 luglio 2011, n. 111, ha inserito nel Decreto Legislativo 31 dicembre 1992, n. 546, l'articolo 17-bis, rubricato "Il reclamo e la mediazione".

Nella prima sezione dell'opera verrà primariamente illustrata la pratica della *mediazione tributaria* in alcuni dei più importanti paesi europei quali Francia, Germania e Spagna.

Proseguiremo la nostra analisi, nella seconda sezione analizzando la situazione del contenzioso tributario in Italia, prendendo in esame anche l'andamento storico avvalendosi di un'analisi statistica che possa farci meglio comprendere il fenomeno, successivamente presenteremo un'ampia panoramica degli strumenti deflattivi del contenzioso tributario, quali l'acquiescenza (art. 15 del D. Lgs. 218/1997), l'autotutela (art. 2-quater del D.L. 564/1994; D.M. 37/1997), l'accertamento con adesione (art. 1 e segg. del D. Lgs. 218/1997), l'invito al contraddittorio (art. 5 del D. Lgs. 218/1997, commi da 1-bis a 1-quinquies), l'adesione ai processi verbali di constatazione (art. 5-bis del D. Lgs. 218/1997), la conciliazione giudiziale (art. 48 del D. Lgs. 546/1992).

Nella terza sezione, illustreremo il contenuto dell'art.17-bis) inserito nel Decreto Legislativo 31 dicembre 1992 n. 546, specificandone la decorrenza e cercando anche di evidenziare quali possono essere le fattispecie ammesse alla mediazione tributaria. Si chiarirà come esperire l'atto di reclamo e la sua importanza, qual è la procedura di reclamo e la possibile proposta di mediazione che il contribuente può proporre. Infine, vedremo come e dove si svolge il procedimento di mediazione.

Nella penultima sezione, invece, capiremo cosa avviene qualora il procedimento di mediazione abbia esito positivo, la conclusione dell'accordo e la conseguente riduzione delle sanzioni, oppure se il procedimento di mediazione si conclude con esito negativo, la costituzione in giudizio. Verrà anche preso in considerazione il problema delle spese processuali.

Infine, nell'ultima parte si cercherà di vedere il rapporto che c'è tra l'istituto della *mediazione tributaria* e gli altri istituti deflattivi del contenzioso; verranno anche effettuate delle brevi considerazioni finali.

CAPITOLO 1

LA MEDIAZIONE IN EUROPA

L'articolo 17-bis del Decreto Legislativo n.546/1992 ha introdotto in Italia l'istituto del *"Reclamo e Mediazione"* cui il contribuente deve adire in via preventiva prima di presentare ricorso al giudice tributario, a pena di inammissibilità del ricorso stesso.

Già da tempo anche in altri paesi europei, fisco e contribuente sono obbligati a procedere inizialmente con una procedura amministrativa prima di adire l'autorità giudiziaria. La finalità è sia quella di consentire occasioni di confronto tra fisco e contribuente, sia di utilizzare lo strumento del riesame amministrativo per diminuire il numero di processi tributari e lasciare così alla valutazione del giudice solo questioni effettivamente importanti.

Ad esempio, in Francia, prima di potersi rivolgere al giudice tributario, il contribuente che intende contestare un atto dell'Amministrazione Finanziaria deve proporre reclamo amministrativo presso lo stesso ufficio che ha emanato l'atto, avendo anche la facoltà di chiedere, nello stesso atto, la sospensione della riscossione.

Successivamente nei sei mesi posteriori all'istanza di riesame, l'Amministrazione francese può:

- dare immediato riscontro della ricezione del reclamo e rispondere entro 30 giorni, salvo che la fattispecie reclamata non consenta di rispettare tale termine (in tale caso l'amministrazione informa il contribuente dello stato d'avanzamento della pratica). Il contribuente, se insoddisfatto della risposta ricevuta, può chiedere che il caso sia posto all'attenzione del "capo ufficio", obbligato (pena un vizio di legittimità del procedimento) a convocare lo stesso contribuente per sentirlo di persona e tentare la conciliazione, che nella maggioranza dei casi viene raggiunta.
- Diversamente dall'istituto italiano, in cui i limiti alla mediazione sono valore della controversia e tipologia di atti reclamabili; in Francia i limiti sono relativi soprattutto al tipo di imposta in quanto nessuna

mediazione è possibile in relazione all'Iva, alle imposte sulle successioni e nei casi di frode fiscale.
- non rispondere, e in tal caso l'istanza si intende rigettata (silenzio rifiuto), con la conseguente possibilità per il contribuente di presentare ricorso al Csi (Comitato dipartimentale delle imposte dirette e delle tasse sulla cifra di affari, organo imparziale competente a pronunciarsi solo su questioni di fatto) oppure ricorso giurisdizionale
- sottoporre direttamente il caso all'autorità giudiziaria, qualora l'Amministrazione Finanziaria ritiene che la propria decisione non porrebbe termine alla controversia (ad esempio, quando presso l'organo giurisdizionale pende già una controversia concernente il medesimo contribuente e la medesima contestazione, relativa a un anno d'imposta diverso).

In tali casi, l'istanza del contribuente assume valenza di atto introduttivo del procedimento giurisdizionale. Salvo che per iniziativa dell'ufficio, il contribuente può proporre ricorso al giudice solo dopo che siano decorsi sessanta giorni dal silenzio-rifiuto ovvero dalla comunicazione della decisione di rigetto.

La fase amministrativa cristallizza la successiva fase giurisdizionale in quanto il contribuente non potrà modificare in giudizio il *petitum* e la *causa petendi* indicati nel reclamo, proprio come si verifica per la *mediazione tributaria* italiana.

In Germania è previsto un procedimento di impugnazione pre-contenziosa sia per vizi di merito che di legittimità dell'atto. Tale fase può essere instaurata davanti alla stessa autorità che ha emanato l'atto, entro determinati termini, trascorsi i quali l'atto comunque diventa definitivo. Entro un mese dalla ricezione dell'atto, il contribuente propone "ricorso" all'ufficio amministrativo gerarchicamente sovraordinato a quello che ha emanato l'atto, il quale potrà sia annullare il provvedimento viziato, sia sostituirlo con un nuovo atto immune dai vizi emendati. Si tratta di un rimedio per il quale non è richiesta alcuna difesa tecnica e che di norma non sospende di norma l'esecutività dell'atto amministrativo.

Infine, in Spagna i contribuenti possono proporre istanza di riesame al funzionario che ha emanato l'atto, utilizzando una "procedura speciale" (ma solo nei casi tassativamente indicati dal legislatore), oppure una "richiesta generale di riesame" negli altri casi (nei quali l'ufficio che ha emesso l'atto pronuncia una risoluzione ovvero lascia formare il silenzio rifiuto). Anche qui come accade in Francia, l'istanza può contenere la richiesta di sospensione della riscossione.

Se la procedura di riesame si conclude con esito negativo, il contribuente non può ancora proporre ricorso giurisdizionale, ma dovrà presentare un ulteriore ricorso alle Corti economico – amministrative (organi indipendenti specializzati nella materia tributaria).

Alla volontà europea di adottare strumenti deflattivi del contenzioso, in modo da concentrare le energie processuali di giudici e parti solo sulle controversie di maggiore rilevanza e valore, si è uniformato anche il legislatore italiano che, introducendo gli istituti del reclamo e della mediazione, consentirà a Fisco e contribuenti un confronto dialettico, finalizzato al rapido raggiungimento di soluzioni condivise (legittime, trasparenti e dinamiche).

CAPITOLO 2

LA SITUAZIONE IN ITALIA

Da molti anni il processo evolutivo del concetto di fiscalità ha portato la legislazione tributaria dei vari paesi dell'Europa, in particolare quella occidentale, a confrontarsi sempre più e ad uniformarsi, quanto meno in quelli che sono i principi generali. Ciò ha avuto luogo non tanto e soltanto perché sia più vicina quella integrazione europea da tutti auspicata, quanto perché i vari paesi tendono sempre più ad attualizzare quei principi insiti nella Carta Costituzionale circa l'applicazione dei tributi e la tutela dei contribuenti.

Si tende dovunque ad un sostanziale miglioramento dei rapporti tra fisco e contribuente, e quindi ad una maggior tutela dei diritti dei cittadini.

Certo non è possibile sperare, almeno nel breve periodo, ad una legislazione tributaria europea unificata, quindi i sistemi legislativi dei singoli paesi, anche se mirano a risultati comuni saranno sempre il frutto della mentalità e della cultura tributaria dei vari paesi.

Infatti, si passa dal sistema misto di Regno Unito e Spagna nel quale convivono organi del contenzioso amministrativo e tributario e giurisdizione ordinaria , a quello dualistico della Francia con un rapporto tra giurisdizione civile ed amministrativa, al sistema della Germania della giurisdizione speciale tributaria devoluta a giudici professionali.

E' importante inoltre ricordare che nei paesi suddetti, si tende ad evitare di ricorrere al contenzioso, a cui si deve solo pervenire in ultima analisi, e conseguentemente è presente una variegata legislazione che prevede la risoluzione amministrativa delle controversie tra fisco e contribuente, infatti, la *mediazione tributaria* in questi paesi è presente già da parecchio tempo.

In Italia è da circa venti anni che si è avuta un cambiamento nella politica fiscale, in quanto prima di allora il confronto fra amministrazione finanziaria e contribuente era quasi inesistente.

La difesa del cittadino, vittima nei confronti di talvolta errate pretese erariali era rappresentata esclusivamente dal ricorso alle Commissioni Tributarie o alle altre magistrature competenti per risolvere quel contenzioso, mentre già in gran parte dei paesi europei la maggior parte delle contestazioni veniva risolta in sede amministrativa.

Era certamente una situazione patologica visto che il contenzioso veniva quasi considerato il naturale completamento di una attività amministrativa, quale la gestione del rapporto tributario. Sfociavano nel contenzioso vicende che con un'amministrazione più efficiente non avrebbero mai dovuto essere originate si verificavano, aspetti conflittuali che dovevano e potevano essere risolti in una sede amministrativa meglio funzionante.

Uno dei principali istituti che ha dato un'accelerazione alla soluzione amministrativa delle controversie in materia tributaria è l'aver scoperto e potenziato nell'amministrazione finanziaria un istituto giuridico che era già presente nella nostra legislazione ma che non era stato quasi mai usato: l'autotutela, che poi altro non è se non la capacità per l'amministrazione di correggere gli errori commessi senza bisogno dell'intervento del giudice e di correggerli, in quanto parte pubblica, anche a favore del contribuente.

Successivamente hanno trovato concreta operatività gli istituti dell'accertamento con adesione, concordato, la conciliazione giudiziaria e l'acquiescenza per non parlare dell'interpello, che prevede la facoltà per il contribuente di richiedere all'A.F. un parere concernente l'applicazione a casi concreti e personali delle disposizioni tributarie qualora vi siano condizioni di incertezza sull'applicazioni delle disposizioni stesse.

I due pilastri del rapporto fra Fisco e Contribuente sono da considerare la Legge n.414 del 1990 e la Legge n.212 del 2000, dobbiamo riconoscere che il panorama tributario italiano nelle ultime due decadi è stato caratterizzato dal susseguirsi di numerose norme tendenti a migliorare i rapporti fisco-contribuente.

Il legislatore ha pensato bene, per tendere di migliorare il confronto tra contribuente e fisco, di aggiungere quindi l'istituto della *mediazione tributaria*; questo sicuramente è anche stato determinato dall'elevato contenzioso tributario presente nel nostro paese. Infatti, in occasione della presentazione dell'istituto l'Agenzia delle Entrate ha affermato: "Il numero delle controversie vinte da parte dell'Agenzia delle Entrate rimane stabile, attestandosi al 61,4%, mentre aumenta l'indice di vittoria per valore, che raggiunge il 73,5% (rispetto al 70,3% del 2010)".

I ricorsi presentati dai contribuenti alle Commissioni Tributarie Provinciali sono stati 290.906, di cui:

- 178.202 contro atti impositivi emessi dall'Agenzia delle Entrate (61,26%);
- 41.937 contro atti impositivi emessi da Regioni ed Enti locali (14,42%);
- 30.819 contro atti impositivi emessi da Equitalia (10,59%);
- 29.390 contro atti impositivi emessi da Enti vari (10,10%);
- 8.031 contro atti impositivi emessi dall'Agenzia del Territorio (2,76%);
- 2.527 contro atti impositivi emessi dall'Agenzia delle Dogane (0,87%).

I ricorsi decisi dalle Commissioni Tributarie Provinciali sono stati 271.900, di cui 34.550 relativi a ricorsi presentati nel medesimo anno 2010 e la restante parte relativi a ricorsi presentati in annualità precedenti. La differenza tra ricorsi presentati e ricorsi decisi, pari a 19.906, costituisce l'incremento dei ricorsi pendenti, passato dai 577.702 a fine 2009 ai 596.708 a fine 2010. I 271.900 ricorsi decisi hanno avuto il seguente esito:

- 108.780 favorevoli all'ente impositore (40,01%);
- 98.102 favorevoli al contribuente (36,08%);

- 34.782 estinzioni per sopravvenuta modifica normativa, tipo condono (12,79%);
- 27.165 solo parzialmente favorevoli al contribuente (9,99%);
- 3.071 definiti mediante conciliazione giudiziale (1,13%).

I ricorsi nei quali, in tutto o in parte, è stata data ragione ai contribuenti sono stati dunque pari al 46,07% (= 36,08% di totalmente favorevoli + 9,99% di parzialmente favorevoli). Inoltre, la Relazione Ministero dell'Economia e delle Finanze sottolinea che *"Presso le CTP[1] si evidenzia una percentuale di successo degli Enti impositori del 40,01% contro il 36,08% di successo del contribuente. Limitando, tuttavia, l'analisi dei ricorsi definiti con una decisione di merito, il contribuente registra una percentuale di successo superiore a quella degli uffici: 47,76% contro il 39,02%"*.

In altre parole, quando il giudizio viene deciso sulla base del merito della correttezza della pretesa tributaria, invece che sulla base di vizi procedurali che possono invalidare il ricorso del contribuente anche se magari è corretto nel merito, i

---

[1] Commissioni Tributarie Provinciali

contribuenti si vedono dare ragione, in tutto o in parte, il 60,98% delle volte.

Per quanto riguarda gli esiti dei ricorsi che vertono sui soli accertamenti e altri atti impositivi emessi dall'Agenzia delle Entrate, i 168.290 ricorsi decisi dalle commissioni tributarie provinciali nel 2010 hanno avuto i seguenti esiti:

- 66.918 favorevoli all'Agenzia delle Entrate (39,76%);
- 60.648 favorevoli al contribuente (36,04%);
- 27.876 estinzione del processo (16,57%);
- 12.848 parzialmente favorevoli ai contribuenti (7,63%).

Dal punto di vista delle somme oggetto dei 168.290 ricorsi decisi, l'importo complessivo di 28.021.115.056 euro risulta così ripartito:

- 13.222.601.316 euro a favore dell'Agenzia delle entrate (47,19%);
- 8.365.606.112 euro a favore dei contribuenti (29,85%);
- 6.432.907.628 euro in controversie con estinzione del processo (22,96%).

Alla luce di quanto precede, si può concludere che visto la gigantesca mole di contenziosi tributari l'introduzione della mediazione tributaria potrebbe essere uno strumento idoneo ad aumentare il confronto tra contribuente e fisco, portando anche a una netta riduzione dei costi e del tempo necessari per concludere i processi tributari.

I TRADIZIONALI ISTITUTI DEFLATTIVI DEL CONTENZIOSO

L'Amministrazione fiscale per migliorare la propria efficienza, per evitare il contenzioso tributario e sottrarsi a lunghi e costosi giudizi è dotata di un'ampia gamma di istituti amministrativi volti ad evitare le liti fiscali.

Verranno adesso ricordati quali sono i tradizionali istituti deflattivi del contenzioso e le loro peculiarità.

ISTITUTO DEFLATTIVO	*Ricorrervi per....*
L'AUTOTUTELA	far rilevare un errore dell'Amministrazione e ottenerne la correzione
L'ACQUIESCENZA	definire un atto e pagare sanzioni ridotte

L'ADESIONE AI PROCESSI VERBALI DI CONSTATAZIONE	definire la propria posizione fiscale ancor prima di ricevere un accertamento e usufruire di un notevole risparmio sulle sanzioni
L'ADESIONE ALL'INVITO AL CONTRADDITTORIO	definire la propria posizione fiscale ancor prima di ricevere un accertamento e usufruire di un notevole risparmio sulle sanzioni
L'ACCERTAMENTO CON ADESIONE	concordare le imposte dovute e ottenere la riduzione delle sanzioni
LA CONCILIAZIONE GIUDIZIALE	porre fine a un contenzioso aperto con il fisco ed avere uno sconto sulle sanzioni

L'Autotutela

L'istituto dell'autotutela è stato concepito dalle previsioni di cui all'art. 68 del DPR 27 marzo 1992, n. 287 e all'art. 2-quater del Decreto Legislativo 30 settembre 1994, n. 564 (convertito, con modificazioni, dalla legge 30 novembre 1994, n. 656).

Nell'ambito dei principi fondamentali sanciti dal primo comma dell'art. 97 della Costituzione, l'autotutela, è una capacità riconosciuta dall'ordinamento alla pubblica amministrazione di "riesaminare" la propria attività, ed eventualmente correggerla mediante l'annullamento o la revoca di atti ritenuti illegittimi. Naturalmente, l'istituto, se applicato, contribuisce a ridurre il contenzioso tributario con una conseguente diminuzione delle spese per la Pubblica Amministrazione e comporta un miglioramento dei rapporti con il contribuenti.

Dalla normativa che regola tale istituto è possibile ricavare i seguenti principi:

- l'autotutela è un istituto di portata generale e, quindi, è attivabile anche nei settori in cui manchino specifiche disposizioni normative;
- l'esercizio della potestà di autotutela non richiede obbligatoriamente l'iniziativa da parte del contribuente. Di contro, l'eventuale presentazione di atti d'iniziativa

o sollecitazione non generano alcun obbligo per l'amministrazione di provvedere, né costituisce il presupposto per la formazione del silenzio-rifiuto;
- l'annullamento d'ufficio ha efficacia *ex tunc* e non incontra limiti neanche nell'eventuale preesistenza di diritti soggettivi sorti sulla base dell'atto da annullare.

Le tipologie di intervento attuabili attraverso l'istituto dell'autotutela sono sintetizzabili in:
- Annullamento, che consiste nel ritiro dell'atto con efficacia retroattiva (*ex tunc*).
- Revoca, che consiste nel ritiro dell'atto con efficacia immediata (*ex nunc*).
- Riforma, che consiste nel ritiro parziale mediante modificazione dell'atto.
- Rettifica, che consiste nella correzione di un errore materiale contenuto nell'atto e commesso ai danni del contribuente.

Ogni qual volta viene emanato un atto di autotutela l'amministrazione deve dare avviso al soggetto destinatario e anche all'organo giurisdizionale davanti al quale sia eventualmente pendente il relativo contenzioso. Il procedimento di autotutela, che si esplica mediante decisioni che sono formalmente "atti amministrativi esecutivi", è avviato d'ufficio e ravvisa un potere assolutamente discrezionale, non passibile di sindacato in sede di contenzioso tributario. Pertanto, anche se il contribuente presenta richiesta, l'A.F. non ha l'obbligo di rivedere il suo operato. Certo è però che dal mancato esercizio del potere di autotutela può derivare un danno anche alla stessa amministrazione, specie nei casi di negligenza del comportamento omissivo.

Competente per l'annullamento dell'atto illegittimo è l'ufficio che l'ha emanato, oppure la Direzione regionale da cui l'Ufficio dipende qualora ricorrano i requisiti per l'esercizio dell'autotutela ma venga omesso di provvedere al suo annullamento. Il potere di annullamento, revoca dell'atto o di rinuncia, sorge in tutti i casi di illegittimità dell'atto o da imposizione dipendente dalle seguenti fattispecie:

- errore di persona;
- evidente errore logico o di calcolo;
- errore sul presupposto dell'imposta;
- doppia imposizione;
- mancata considerazione di pagamenti regolarmente eseguiti;
- mancanza di documentazione successivamente sanata (non oltre i termini di decadenza);

- sussistenza dei requisiti per fruire di deduzioni, detrazioni o regimi agevolativi, precedentemente negati;
- errore materiale del contribuente, facilmente rilevabile dall'Amministrazione.

L'annullamento dell'atto illegittimo può essere effettuato anche se è pendente il giudizio o se l'atto è divenuto ormai definitivo per decorrenza dei termini per ricorrere e anche se il contribuente ha presentato ricorso e questo è stato respinto per motivi formali (inammissibilità improcedibilità, irricevibilità ecc.) con sentenza passata in giudicato; l'unico limite sarebbe costituito dalla sentenza passata in giudicato favorevole all'Amministrazione.

E' importante sottolineare che l'annullamento dell'atto illegittimo coinvolge automaticamente tutti gli altri atti ad esso associati (ad esempio: un avviso di accertamento infondato comporta l'annullamento dell'iscrizione a ruolo e delle relative cartelle di pagamento) e l'obbligo di restituire tutte le somme indebitamente riscosse.

L'Acquiescenza

I contribuenti che ricevono avvisi di accertamento relativi alle imposte sui redditi, di registro, successioni e Iva, atti di contestazione con cui vengono irrogate solo sanzioni, fondati su dati e valutazioni difficilmente oppugnabili, hanno l'opportunità, rinunciando a presentare ricorso ad ottenere una riduzione delle sanzioni. L'articolo 15 del Decreto Legislativo 19 giugno 1997, n. 218 prevede infatti, per gli atti definibili emessi a partire dal 1° febbraio 2011, la riduzione ad 1/3 delle sanzioni irrogate dagli uffici con gli avvisi di accertamento non impugnati per le violazioni concernenti il tributo e per quelle relative al contenuto delle dichiarazioni, spetta a condizione che il contribuente:

1. rinunci ad impugnare l'avviso di accertamento;
2. rinunci a presentare istanza di accertamento con adesione;
3. provveda a pagare, entro il termine di proposizione del ricorso, le somme complessivamente dovute tenendo conto delle riduzioni.

Un'ulteriore riduzione delle sanzioni è prevista se l'avviso di accertamento non è stato preceduto da "Invito al contraddittorio" o "Processo verbale di constatazione". In tal caso si può fruire della riduzione ad 1/6. Le somme dovute dal contribuente si versano in forma rateale (in un massimo di otto rate trimestrali di pari importo ovvero, se l'importo da pagare supera € 51.645,69, in dodici rate trimestrali, sempre di pari importo) o in unica soluzione, banche, poste o agenti della riscossione, utilizzando:

- il mod. F24 per le imposte sui redditi, le relative imposte sostitutive, l'Irap, l'Iva e l'imposta sugli intrattenimenti;
- il mod. F23 per l'imposta di registro e per gli altri tributi indiretti.

Una volta effettuato il versamento il contribuente entro dieci giorni deve far pervenire all'ufficio la quietanza dell'avvenuto pagamento.

Adesione ai processi verbali di constatazione

L'istituto della "adesione al processo verbale di constatazione" è stato introdotto dal decreto legge 25 giugno 2008, n. 112, convertito dalla legge 6 agosto 2008, n. 133 e consente al contribuente destinatario di un processo verbale di constatazione la facoltà di sollecitare la definizione del proprio rapporto tributario, sulla base dei rilievi e dei contenuti dell'atto ricevuto. Se il contribuente esercita tale facoltà, ha diritto:

- alla riduzione (dal 1° febbraio 2011) a 1/6 delle sanzioni (cioè alla metà della misura prevista nell'ipotesi di accertamento con adesione);
- al pagamento rateizzato delle somme.

Non tutti i processi verbali di constatazione sono definibili, ma solo quelli che:

- hanno come conseguenza l'emissione di un accertamento parziale, quindi ai fini delle imposte dirette e ai fini Iva;
- contengono la constatazione di violazioni "sostanziali" con riferimento esclusivamente alla normativa in

materia di imposte sui redditi, Irap e di imposta sul valore aggiunto.

Per aderire a tale istituto il contribuente deve dare una semplice comunicazione all'Ufficio dell'Agenzia delle Entrate territorialmente competente e all'organo che ha compilato il verbale (qualora le due figure non coincidano).

La comunicazione deve essere fatta entro 30 giorni dalla data di consegna del processo verbale di constatazione utilizzando un apposito modello. La richiesta può essere presentata sia a mezzo posta, oppure consegnata direttamente ai soggetti destinatari, che rilasciano una ricevuta. L'adesione al processo verbale di constatazione determina l'emanazione di un "atto di definizione dell'accertamento parziale", contenente gli elementi e la motivazione su cui la definizione si fonda, nonché la liquidazione delle maggiori imposte, delle sanzioni e delle altre somme eventualmente dovute, anche in forma rateale. L'atto di definizione viene notificato al contribuente entro 60 giorni dalla data di presentazione della richiesta di adesione, la notifica dell'atto determina l'obbligo in capo al contribuente di versare le somme dovute. Se il contribuente non procede al pagamento delle somme dovute questo comporta la loro immediata iscrizione a ruolo.

Adesione all'invito al contraddittorio

Un altro istituto deflativo del contenzioso è la definizione dell'accertamento mediante "adesione ai contenuti dell'invito al contraddittorio", introdotto dal decreto legge 185 del 2008 e si applica agli inviti al contraddittorio emessi:

- dal 1° gennaio 2009, se riguardano imposte dirette o Iva;
- dal 29 gennaio 2009, se relativi a imposte indirette diverse dall'Iva (imposta di registro, sulle successioni, sulle donazioni, eccetera).

Il funzionamento è molto semplice perché il contribuente che accetta i contenuti di un invito al contraddittorio, in cui sono indicati la pretesa fiscale e i motivi che l'hanno determinato, ottiene lo stesso regime in tema di sanzioni e di pagamento rateale, previsto per l'adesione ai processi verbali di constatazione. La definizione si determina con l'assenso del contribuente e il pagamento delle somme dovute, entro il quindicesimo giorno antecedente la data fissata per la comparizione. L'adesione a tale istituto comporta la riduzione a 1/6 delle sanzioni minime irrogabili dall'Ufficio.

La comunicazione, con la quale il contribuente informa il competente ufficio di voler aderire, deve contenere, la quietanza dell'avvenuto pagamento della prima o unica rata. In caso di pagamento rateale, va indicato il numero delle rate prescelte, che può essere un massimo di otto rate trimestrali di pari importo ovvero, se le somme dovute sono superiori a 51.645,69 euro, di dodici rate trimestrali, senza la prestazione di alcuna garanzia. Sull'importo delle rate successive alla prima sono dovuti gli interessi al saggio legale (1,5% dal 1° gennaio 2011), calcolati dal giorno successivo a quello del primo versamento e fino alla data di scadenza di ciascuna rata.

Così come per l'adesione al processo verbale di constatazione se il contribuente non versa le somme successive alla prima rata, l'Ufficio competente provvede all'iscrizione a ruolo a titolo definitivo delle somme dovute. E' importante ricordare che l'istituto risulta inapplicabile qualora il contribuente abbia ricevuto in precedenza un processo verbale di constatazione, che consente l'emissione di un accertamento parziale, e non lo abbia definito.

Accertamento con adesione

E' il più rilevante strumento deflattivo e si tratta di un istituto che ha origini piuttosto lontane essendo stato introdotto nel nostro ordinamento giuridico già agli inizi del secolo scorso, ma di cui negli anni più recenti si è cercato di potenziare l'efficacia, coerentemente alla volontà di creare un rapporto fisco-contribuente meno conflittuale e di ridurre il contenzioso, anche per bilanciare i maggiori poteri di accertamento presuntivo via via riconosciuti agli Uffici; trova la sua fonte nel dettato normativo di cui al Decreto Legislativo n.218 del 1997.

E' in sostanza un procedimento mediante il quale si addiviene ad una definizione dell'accertamento concordata in sede di contraddittorio con il contribuente, che è invitato dall'Ufficio o presenta istanza dopo aver ricevuto la notifica di un avviso di accertamento. Per l'avvio della definizione possono presentarsi due diverse situazioni:

- se è stato notificato un avviso di accertamento, non preceduto dall'invito a comparire, il contribuente può presentare direttamente all'Ufficio competente, entro 60 giorni dalla notifica dell'atto, una domanda di concordato in carta libera indicando il proprio recapito, compreso quello telefonico. Nel caso di invio per posta ordinaria vale la data di arrivo all'Ufficio, mentre vale la data di spedizione se l'istanza viene inviata mediante plico raccomandato (senza busta) con avviso di ricevimento. La presentazione della domanda sospende per 90 giorni sia i termini per l'impugnazione dell'atto davanti alla giurisdizione tributaria sia il pagamento delle somme dovute in pendenza di giudizio. L'Ufficio è tenuto, entro 15 giorni dalla ricezione della domanda, a trasmettere al contribuente, anche mediante telefono, l'invito a comparire;

- se non è stato notificato un avviso di accertamento, il procedimento può essere iniziato dall'Ufficio che invia al contribuente un invito a comparire nel quale devono essere indicati:
    - gli elementi identificativi dell'atto, della denuncia o della dichiarazione cui si riferisce il rapporto tributario per il quale si può arrivare al concordato;
    - il giorno e il luogo della comparizione;
    - gli elementi rilevanti ai fini dell'accertamento.

Il contraddittorio è la fase fondamentale dell'intero procedimento e nel suo ambito viene alla luce una componente discrezionale dispositiva (definita come discrezionalità tecnico-giuridica) in quanto la fondatezza della pretesa tributaria deve essere valutata alla luce delle obiezioni che può muoverle il contribuente, in particolare in relazione a quelle *"fattispecie che si prestano a opinabili valutazioni in ordine alla loro effettiva sussistenza"*. Nel contraddittorio, quindi, l'Ufficio ha il compito di perseguire l'interesse erariale non necessariamente massimizzando la quantità della pretesa, bensì rendendola maggiormente fondata e acquisibile con certezza. Naturalmente, anche a garanzia della inesistenza di qualsiasi possibilità di abusi e favoritismi, la procedura di adesione deve essere trasparente e proprio per questo si procede alla verbalizzazione per iscritto dei contraddittori col contribuente e alla compiuta motivazione degli atti. Il procedimento deve ritenersi concluso positivamente tutte le volte che, al termine del contraddittorio il contribuente e l'ufficio pervengono ad una uniforme valutazione in ordine alla definizione dell'obbligazione tributaria.

Le disposizioni contenute nel Decreto Legislativo n.218 del 1997 hanno esteso la possibilità di definizione, in contraddittorio con l'ufficio, a tutti i contribuenti e con riferimento a tutte le categorie reddituali possedute dai medesimi. Per effetto di tale previsione si è coordinata la disciplina dell'accertamento con adesione con quella della conciliazione giudiziale che consente che tutte le controversie possano formare oggetto di conciliazione giudiziale dinanzi alla Commissione provinciale, indipendentemente dalle caratteristiche del soggetto di imposta. Quindi, sono compresi nell'ambito dell'istituto i seguenti soggetti:

- persone fisiche, imprenditori e non;
- società di persone ed equiparate di cui all'art. 5 del TUIR;
- società di capitali ed enti di cui all'art. 87 del medesimo testo unico.

Possono essere definiti oltre ai redditi di impresa e di lavoro autonomo, anche quelli di lavoro dipendente, di capitale, i redditi fondiari e i redditi diversi. Le principali fattispecie suscettibili di definizione, sulla base delle osservazioni sopra indicate sono le seguenti:

- rettifiche induttive di cui all'articolo 39, primo comma, lett. d), del Decreto del Presidente della Repubblica n.600 del 1973 e dell'articolo 54, secondo comma, del Decreto del Presidente della Repubblica n.633 del 1972 (rettifiche relative al reddito di impresa delle persone fisiche basate anche su presunzioni semplici, purché queste siano gravi, precise e concordanti);

- accertamenti induttivi di cui all'articolo 39, secondo comma, del Decreto del Presidente della Repubblica n.600 del 1973 e dell'articolo 55 del Presidente della Repubblica n.633 del 1972 (cosiddetti accertamenti induttivi extracontabili)
- rettifiche delle dichiarazioni presentate dalle persone fisiche basate su presunzioni semplici di cui all'articolo 38, terzo comma, del Decreto del Presidente della Repubblica n.600 del 1973;
- accertamenti sintetici, articolo 38, quarto comma, del Decreto del Presidente della Repubblica n.600 del 1973;
- accertamenti d'ufficio di cui all'articolo 41 del Decreto del Presidente della Repubblica n.600 del 1973 nei casi di omessa presentazione della dichiarazione dei redditi;
- accertamenti fondati sugli studi di settore o sui parametri;
- atti di accertamento basati su valutazioni estimative da parte dell'ufficio o da altri organi tecnici;
- accertamenti basati su una diversa qualificazione del reddito, ovvero di componenti di esso.

Possono formare oggetto di contraddittorio anche le situazioni in cui si controverte sulla ricorrenza di nozioni (ad esempio l'inerenza) che, lasciando margini di apprezzamento all'ufficio, sono suscettibili di elementi di valutazione offerti dal contribuente. L'articolo 2 comma 5 del Decreto Legislativo n.218 del 1997 prevede che a seguito della definizione dell'accertamento, le sanzioni per le violazioni concernenti i tributi oggetto dell'adesione commesse nel periodo di imposta, nonché per le violazioni concernenti il contenuto delle dichiarazioni relative allo stesso periodo si applicano nella misura di un terzo del minimo edittale. In caso di cumulo delle sanzioni per violazioni continuate, per ciascun tributo oggetto dell'adesione verrà applicata una sanzione unica per tutte le violazioni ad esso riferite nell'ambito del periodo d'imposta interessato dalla definizione, e precisamente quella stabilita per la violazione più grave. Sono escluse dalla riduzione le sanzioni applicate per gli errori formali riscontrati in sede di liquidazione delle dichiarazioni dei redditi ed Iva, nonché le sanzioni per omessa, incompleta o inesatta risposta alle richieste dell'ufficio.

Gli effetti collegati all'utilizzo dell'istituto in questione sono:
- attenuante per i reati fiscali, tale effetto premiale è da ricollegare a quanto previsto dall'articolo 13 del Decreto Legislativo n.74 del 2000: riduzione a metà delle sanzioni penali e inapplicabilità delle sanzioni accessorie previste

dallo stesso decreto (articolo 12) se, prima della dichiarazione di apertura del dibattimento di primo grado (requisito temporale), i debiti tributari (comprese le sanzioni amministrative) sono estinti mediante pagamento, anche a seguito delle speciali procedure conciliative o di adesione;

- le limitazioni all'ulteriore azione accertatrice, in quanto l'amministrazione finanziaria non può più intervenire a modificare il reddito accertato mentre il contribuente non può più impugnarlo. Non si tratta però di un divieto assoluto poiché si è cercato di contemperare l'interesse dei contribuenti a chiudere "la partita" con il fisco per un determinato periodo di imposta con l'interesse pubblico a recuperare a tassazione macroscopiche forme di evasione non percepibili al momento dell'adesione o a proseguire l'azione accertatrice quando l'atto posto a base della definizione abbia per sua natura effetti solo parziali. Per procedere ad un nuovo accertamento, però, devono sussistere contemporaneamente le seguenti condizioni:
  - i nuovi elementi non dovevano essere conosciuti (né conoscibili) dall'ufficio finanziario al momento della definizione;

- da questi elementi deve emergere un maggior reddito superiore al 50% di quello definito, comunque non inferiore a 77.468 euro.

Si possono evidenziare, tra le peculiarità dell'istituto, ulteriori condizioni di favore per il contribuente, che conseguono alla presentazione dell'istanza, o che attengono alle possibilità di definizione e pagamento concesse dalla norma. Per quanto attiene alla definizione del procedimento, secondo quanto stabilito dall'articolo 8 del Decreto Legislativo n.218 del 1997, il procedimento si conclude con un atto scritto di adesione e l'adesione si perfeziona con il pagamento dell'intera somma dovuta o con il pagamento della prima rata e la presentazione della garanzia. Tra le possibilità concesse al contribuente vi è quindi anche quella di dilazionare il pagamento: 8 rate trimestrali, oppure 12 (se l'imposta è superiore a 51.645,69 euro) con l'applicazione degli interessi legali e con la presentazione di una garanzia per il periodo della dilazione aumentato di un anno. Il versamento deve essere effettuato, distintamente per ciascun anno definito, presso qualsiasi concessionario per la riscossione, banca o ufficio postale, utilizzando il modello F24. Inoltre, ai sensi dell'articolo 17 del Decreto Legislativo n. 241 del 9 luglio 1997 è possibile effettuare la compensazione delle somme dovute per effetto del concordato con i crediti d'imposta del contribuente.

Conciliazione giudiziale

Al fine di favorire la definizione di una controversia già avviata presso la Commissione tributaria provinciale, evitando le lungaggini e le spese dei vari gradi di giudizio, il legislatore ha introdotto nel sistema fiscale l'istituto della conciliazione giudiziale, quale meccanismo di chiusura della controversia. La disciplina dell'istituto è contemplata nell'articolo 48 del vigente Decreto Legislativo n. 546 del 1992.

La conciliazione può essere proposta:
- dalla Commissione tributaria provinciale che, d'ufficio, può prospettare alle parti il tentativo di conciliazione;
- dalle parti stesse (contribuente, ufficio locale dell'Agenzia delle Entrate, agente della riscossione).

Il tentativo di conciliazione comunque non è vincolante. Infatti, se il contribuente nel tentare l'accordo non lo raggiunge, può sempre proseguire con il contenzioso.

Per esplicita previsione, ciascuna delle parti con apposita istanza, che va prima notificata alla controparte e poi depositata fino a 10 giorni liberi prima della data di trattazione della causa, può proporre all'altra la conciliazione totale o parziale della controversia; limitatamente alle questioni non conciliate, la controversia prosegue nei modi ordinari.

La conciliazione è applicabile a tutte le controversie per le quali sono competenti le Commissioni tributarie.

È possibile conciliare anche le vertenze derivanti da richieste di rimborso nei casi in cui il contribuente ha preferito pagare per poi contestare davanti al giudice l'illegittimità delle pretese dell'Amministrazione finanziaria.

La conciliazione può essere conclusa soltanto davanti alla Commissione tributaria provinciale e non oltre la prima seduta, sia in udienza sia fuori udienza. Il tentativo di conciliazione può essere esperito d'ufficio anche dalla commissione.

La conciliazione fuori udienza[2] viene avviata formalmente una volta che sia intervenuto l'accordo tra l'Ufficio e il contribuente sulle condizioni alle quali si può chiudere la controversia. In questa ipotesi lo stesso Ufficio, sino alla data di trattazione in camera di consiglio, ovvero fino alla discussione in pubblica udienza, può provvedere a depositare presso la segreteria della Commissione una proposta di conciliazione alla quale l'altra parte abbia previamente aderito.

Se l'istanza è presentata prima della fissazione della data di trattazione, il presidente della commissione, se ravvisa la

---

[2] Rappresenta un accordo extra-giudiziale.

sussistenza dei presupposti e delle condizioni di ammissibilità, dichiara con decreto l'estinzione del giudizio.

La proposta di conciliazione ed il decreto tengono luogo del processo verbale. Il decreto è comunicato alle parti e il versamento dell'intero importo o della prima rata deve essere effettuato entro 20 giorni dalla data della comunicazione.

Nell'ipotesi in cui la conciliazione non sia ritenuta ammissibile, il Presidente della Commissione fissa la trattazione della controversia con proprio provvedimento che depositerà in segreteria entro 10 giorni dalla data di presentazione della proposta.

Se il giudice accoglie la domanda in misura non superiore all'eventuale proposta conciliativa, condanna la parte che ha rifiutato senza giustificato motivo la proposta di pagamento delle spese del processo maturate dopo la formulazione della proposta.

La conciliazione in udienza è avviata su iniziativa delle parti o dello stesso giudice:

- quando una delle parti, con istanza di discussione in pubblica udienza depositata presso la segreteria della Commissione e notificata alla controparte entro i 10 giorni precedenti la trattazione, abbia manifestato la volontà di conciliare in tutto o in parte la controversia;

- quando l'Ufficio, dopo la data di fissazione dell'udienza di trattazione e prima che questa venga celebrata in camera di consiglio o in pubblica udienza, abbia depositato una proposta scritta pre-concordata con il ricorrente;
- quando il giudice, con intervento autonomo, inviti le parti ad accordarsi.

Se l'accordo è raggiunto, viene redatto apposito processo verbale in doppia copia contenente:

- l'indicazione della Commissione provinciale alla quale era stato presentato il ricorso;
- l'indicazione dell'ufficio dell'Agenzia delle Entrate e del ricorrente;
- la manifestazione della volontà di conciliare, con l'indicazione degli elementi addotti nella proposta conciliativa e una succinta motivazione;
- la liquidazione delle somme dovute in base alla conciliazione giudiziale;
- la data, la sottoscrizione del titolare dell'Ufficio e del ricorrente.

Il processo verbale costituisce titolo per la riscossione delle somme dovute mediante versamento diretto:

- in unica soluzione, entro 20 giorni dalla data del verbale (conciliazione in udienza) o della comunicazione del decreto del Presidente della Commissione (conciliazione fuori udienza);
- in forma rateale, in un massimo di 8 rate trimestrali di pari importo ovvero in un massimo di 12 rate trimestrali se le somme dovute superano 51.645,69 euro.

La prima delle rate deve essere versata entro il termine di 20 giorni dalla data del processo verbale o della comunicazione del decreto presidenziale, mentre le rate successive (gravate degli interessi legali), vanno versate alle dovute scadenze.

Gli interessi sulle rate sono calcolati dal giorno successivo a quello del processo verbale di conciliazione o a quello di comunicazione del decreto di estinzione del giudizio, e fino alla scadenza di ciascuna rata.

Il contribuente deve consegnare all'ufficio copia dell'attestazione del versamento.

In caso di mancato pagamento anche di una sola delle rate diverse dalla prima entro il termine di pagamento della rata successiva, il competente ufficio dell'Agenzia delle Entrate provvede all'iscrizione a ruolo delle residue somme dovute e della sanzione di cui all'articolo 13 del decreto legislativo 18 dicembre 1997, n. 471, applicata in misura doppia, sul residuo importo dovuto a titolo di tributo.

Il versamento delle somme dovute per la conciliazione delle controversie tributarie è effettuato presso qualsiasi concessionario, banca o ufficio postale, utilizzando:

- il modello F24 per le imposte dirette, per l'Irap, per le imposte sostitutive e per l'Iva;
- il modello F23 per le altre imposte indirette.

Nei predetti modelli di pagamento devono essere indicati gli appositi codici tributo reperibili sul sito internet dell'Agenzia delle Entrate, nonché il codice atto relativo all'istituto conciliativo a cui si è aderito.

Si avverte, infine, che in caso di avvenuta conciliazione, le sanzioni si applicano nella misura del 40% delle somme irrogabili in rapporto dell'ammontare del tributo risultante dalla conciliazione stessa. In ogni caso, la misura delle sanzioni non può essere inferiore al 40% dei minimi previsti dalla legge per le violazioni più gravi relative a ciascun tributo.

CAPITOLO 3

ART. 17-BIS "IL RECLAMO E LA MEDIAZIONE"

L'art. 39, comma 9, del decreto legge n. 98/2011 prevede che dopo l'articolo 17 del decreto legislativo 31 dicembre 1992, n. 546, è inserito il seguente articolo 17-bis (Il reclamo e la mediazione), che recita[3]:

1. Per le controversie di valore non superiore a ventimila euro, relative ad atti emessi dall'Agenzia delle entrate, chi intende proporre ricorso è tenuto preliminarmente a presentare reclamo secondo le disposizioni seguenti ed e' esclusa la conciliazione giudiziale di cui all'articolo 48.

2. La presentazione del reclamo è condizione di ammissibilità del ricorso. L'inammissibilità è rilevabile d'ufficio in ogni stato e grado del giudizio.

---

[3] www.normattiva.it

3. Il valore di cui al comma 1 è determinato secondo le disposizioni di cui al comma 5 dell'articolo 12.

4. Il presente articolo non si applica alle controversie di cui all'articolo 47-bis.

5. Il reclamo va presentato alla Direzione provinciale o alla Direzione regionale che ha emanato l'atto, le quali provvedono attraverso apposite strutture diverse ed autonome da quelle che curano l'istruttoria degli atti reclamabili.

6. Per il procedimento si applicano le disposizioni di cui agli articoli 12, 18, 19, 20, 21 e al comma 4 dell'articolo 22, in quanto compatibili.

7. Il reclamo può contenere una motivata proposta di mediazione, completa della rideterminazione dell'ammontare della pretesa.

8. L'organo destinatario, se non intende accogliere il reclamo volto all'annullamento totale o parziale dell'atto, né l'eventuale proposta di mediazione, formula d'ufficio una proposta di mediazione avuto riguardo all'eventuale incertezza delle questioni controverse, al grado di sostenibilità della pretesa e

al principio di economicità dell'azione amministrativa. Si applicano le disposizioni dell'articolo 48, in quanto compatibili.

9. Decorsi novanta giorni senza che sia stato notificato l'accoglimento del reclamo o senza che sia stata conclusa la mediazione, il reclamo produce gli effetti del ricorso. I termini di cui agli articoli 22 e 23 decorrono dalla predetta data. Se l'Agenzia delle entrate respinge il reclamo in data antecedente, i predetti termini decorrono dal ricevimento del diniego. In caso di accoglimento parziale del reclamo, i predetti termini decorrono dalla notificazione dell'atto di accoglimento parziale.

10. Nelle controversie di cui al comma 1 la parte soccombente è condannata a rimborsare, in aggiunta alle spese di giudizio, una somma pari al 50 per cento delle spese di giudizio a titolo di rimborso delle spese del procedimento disciplinato dal presente articolo. Nelle medesime controversie, fuori dei casi di soccombenza reciproca, la commissione tributaria, può compensare parzialmente o per intero le spese tra le parti solo se ricorrono giusti motivi,

esplicitamente indicati nella motivazione, che hanno indotto la parte soccombente a disattendere la proposta di mediazione.

10. Ai rappresentanti dell'ente che concludono la mediazione o accolgono il reclamo si applicano le disposizioni di cui all'articolo 29, comma 7, del decreto-legge 31 maggio 2010, n. 78, convertito, con modificazioni, dalla legge 30 luglio 2010, n. 122.

11. Le disposizioni di cui al comma 9 si applicano con riferimento agli atti suscettibili di reclamo notificati a decorrere dal 1° aprile 2012.

Decorrenza

L'art. 17-bis, comma 11, del Decreto Legislativo 31 dicembre 1992 n. 546, stabilisce che il procedimento di reclamo si applica agli atti reclamabili notificati a decorrere dal 1° aprile 2012.

Alla luce di ciò, l'elemento che definisce l'applicabilità del procedimento suddetto è la data di notifica, che, tuttavia, non è la medesima per il notificante (Agenzia delle Entrate) e per il notificatario (contribuente). Infatti, per costante giurisprudenza, la notifica si perfeziona, per il notificante, al momento di consegna dell'atto all'agente notificatore o nel momento della spedizione nelle notifiche a mezzo posta, e, per il notificatario, al momento della ricezione.[4]

---

[4] In proposito si rappresenta che il terzo comma dell'articolo 149 c.p.c., aggiunto dal comma 1 dell'articolo 2 della legge 28 dicembre 2005, n. 263, stabilisce che *"La notifica si perfeziona, per il soggetto notificante, al momento della consegna ... all'ufficiale giudiziario e, per il destinatario, dal momento in cui lo stesso ha la legale conoscenza dell'atto"*.
Si ricorda, infatti, che la Corte costituzionale, con sentenza n. 477/2002, ha dichiarato l'illegittimità costituzionale del combinato disposto del previgente testo dell'articolo 149 c.p.c. e dell'articolo 4, terzo comma, della legge n. 890/2002, nella parte in cui prevedevano che la notificazione si perfezionasse, *"per il notificante, alla data di ricezione dell'atto da parte del destinatario anziché alla data, antecedente, di consegna all'ufficiale giudiziario"*.
Sulla base della giurisprudenza di legittimità successivamente formatasi, si ritiene che *"la distinzione dei momenti di perfezionamento della notifica*

La circolare 9/E dell'Agenzia delle Entrate chiarisce tale punto, dicendo : *"Per atti notificati dal 1° aprile 2012, s'intendono gli atti ricevuti dal contribuente a decorrere da tale data"*. Da ciò si evince che rileva esclusivamente la data in cui il notificatario riceve la notifica, quindi qualora il contribuente riceva un atto a mezzo posta successivamente al 1° aprile 2012 ma notificato anteriormente alla predetta data l'istituto della *mediazione tributaria* risulta perfettamente applicabile.

Un discorso a parte, invece, va affrontato in merito alle controversie relative al rifiuto tacito alla restituzione di tributi, sanzioni pecuniarie e interessi non dovuti. Infatti, ai sensi del comma 2 dell'articolo 21 del Decreto Legislativo n. 546 del 1992, *"Il ricorso avverso il rifiuto tacito della restituzione di cui all'articolo 19, comma 1, lettera g), può essere proposto dopo il novantesimo giorno dalla domanda di restituzione presentata entro i termini previsti da ciascuna legge d'imposta e fino a quando il diritto alla restituzione non è prescritto"*.

---

per il notificante e il destinatario può essere invocata quando si tratti di far discendere conseguenze negative per il notificante, non dipendenti dalla sua volontà ma non quando la norma preveda che un termine debba decorrere o un altro adempimento debba essere compiuto dal tempo dell'avvenuta notifica, essendo in tali casi necessario avere riguardo alla effettiva ricezione dell'atto (Cass. 10837/2007)" (Cass. 25 ottobre 2011, n. 22084)

Da ciò si può quindi affermare che nei casi in cui ci si trova davanti a ipotesi di rifiuto tacito, il ricorso giurisdizionale non può essere avanzato prima del decorso di novanta giorni dalla data di presentazione della domanda di restituzione[5]. Ne consegue che quindi, l'istituto della mediazione risulta applicabile alle fattispecie di rifiuto tacito per le quali, alla data del 1° aprile 2012, non siano decorsi novanta giorni dalla data di presentazione dell'istanza di rimborso.

Per converso, l'articolo 17-*bis* del Decreto Legislativo n. 546 del 1992 non si applica alle controversie riguardanti i rifiuti taciti per i quali, alla data del 31 marzo 2012, sia già decorso il termine di novanta giorni dalla presentazione della relativa istanza.

---

[5] Agenzia delle Entrate, Circolare n.9/E

Ambito di applicazione del nuovo istituto

La *mediazione tributaria* è un istituto previsto dall'articolo 17-bis del Decreto Legislativo n. 546 del 1992, secondo cui "Per le controversie di valore non superiore a ventimila euro, relative ad atti emessi dall'Agenzia delle entrate, chi intende proporre ricorso è tenuto preliminarmente a presentare reclamo secondo le disposizioni seguenti …".
Sulla base di specifici criteri, il legislatore ha individuato una tipologia di controversie in relazione alle quali la contestuale sussistenza dei requisiti sotto indicati impone a chi intenda proporre il ricorso il commissione tributaria di esperire preventivamente e obbligatoriamente una fase preliminare di carattere amministrativo (mediazione).
In particolare, i criteri individuati dalla norma attengono:
- alla tipologia di atto impugnato;
- alla parte resistente nell'eventuale giudizio;
- al valore della controversia.

Fattispecie ammesse al reclamo

Dal combinato disposto delle norme comma 1 dell'articolo 17-*bis* del Decreto Legislativo n.546 del 1992 avente ad oggetto gli *"atti emessi dall'Agenzia delle entrate"* e il successivo comma 6 che stabilisce *"Per il procedimento si applicano le disposizioni di cui agli articoli 12, 18, 19, 20, 21 e al comma 4 dell'articolo 22, in quanto compatibili"* emerge che il contribuente deve esperire la fase amministrativa ogni qual volta intenda impugnare uno degli atti individuati all'articolo 1[6]9 del Decreto Legislativo n. 546 del 1992, emesso

---

[6] Ai sensi dell'articolo 19, comma 1, del Decreto Legislativo n. 546 del 1992, sono atti impugnabili innanzi alle commissioni tributarie:

a) *l'avviso di accertamento del tributo;*

b) *l'avviso di liquidazione del tributo;*

c) *il provvedimento che irroga le sanzioni;*

d) *il ruolo e la cartella di pagamento;*

e) *l'avviso di mora;*

e-bis) *l'iscrizione di ipoteca sugli immobili di cui all'art. 77 del Decreto del Presidente della Repubblica 29 settembre 1973, n. 602, e successive modificazioni;*

e-ter) *il fermo di beni mobili registrati di cui all'art. 86 del Decreto del Presidente della Repubblica 29 settembre 1973, n. 602, e successive modificazioni;*

f) *gli atti relativi alle operazioni catastali indicate nell'articolo 2, comma 3;*

dall'Agenzia delle entrate, e il valore della controversia non sia superiore a ventimila euro.

Ne deriva che sono oggetto di mediazione le controversie relative a:

- avviso di accertamento;
- avviso di liquidazione;
- provvedimento che irroga le sanzioni;
- ruolo;
- rifiuto espresso o tacito della restituzione di tributi, sanzioni pecuniarie e interessi o altri accessori non dovuti;
- diniego o revoca di agevolazioni o rigetto di domande di definizione agevolata di rapporti tributari;
- ogni altro atto emanato dall'Agenzia delle entrate, per il quale la legge preveda l'autonoma impugnabilità innanzi alle Commissioni tributarie;

---

g) *il rifiuto espresso o tacito della restituzione di tributi, sanzioni pecuniarie ed interessi o altri accessori non dovuti;*

h) *il diniego o la revoca di agevolazioni o il rigetto di domande di definizione agevolata di rapporti tributari;*

i) *ogni altro atto per il quale la legge ne preveda l'autonoma impugnabilità davanti alle commissioni tributarie.*

- il rifiuto tacito della restituzione di tributi, sanzioni pecuniarie e interessi o altri accessori non dovuti[7].

Si ritiene, infine, che trovi applicazione al procedimento di mediazione anche il disposto dell'articolo 19, comma 3 del Decreto Legislativo n. 546 del 1992, in base al quale *"La mancata notificazione di atti autonomamente impugnabili, adottati precedentemente all'atto notificato, ne consente l'impugnazione unitamente a quest'ultimo"*[8].

Ciò comporta che il contribuente, qualora intenda impugnare, con il ricorso, anche un atto presupposto adottato dall'Agenzia delle Entrate, del quale affermi la mancata precedente

---

[7] La circolare n. 9/E precisa che l'impugnazione del silenzio-rifiuto dell'Amministrazione sull'istanza di rimborso di tributi, sanzioni, interessi e accessori – parimenti contemplata nell'elenco dell'articolo 19 – ricade sotto l'operatività del nuovo istituto. L'indirizzo interpretativo tiene conto delle esigenze di parità di trattamento tra il diniego espresso e quello tacito alla restituzione dei tributi, considerata l'equiparazione già realizzata sotto il profilo dell'impugnabilità.

Va, inoltre, considerato che la previsione della possibilità di impugnazione anche in presenza di diniego tacito alla restituzione è ricollegabile alla volontà del legislatore di garantire al contribuente la tutela giurisdizionale dei suoi diritti anche in caso di inerzia da parte dell'Amministrazione. Appare quindi conforme a tale *"ratio"* estendere anche alle predette ipotesi la possibilità per il contribuente di concludere la mediazione, evitando l'instaurazione di un giudizio.

[8] La circolare n. 9/E precisa che anche "La mancata notificazione di atti autonomamente impugnabili ….." ricade sotto l'operatività della mediazione tributaria.

notificazione, è tenuto ad osservare preliminarmente la disciplina introdotta dall'articolo 17-*bis* del Decreto Legislativo n. 546 del 1992.

Restano invece estranei alla procedura della mediazione gli atti che, seppur impugnabili innanzi alle Commissioni tributarie e rientranti nell'elenco di cui all'articolo 19 del Decreto Legislativo n.546 del 1992, non sono emanati dall'Agenzia delle Entrate e non sono riconducibili all'attività della stessa.

In particolare, ci si riferisce ad atti riferibili all'attività dell'agente della riscossione quali:

- cartelle di pagamento[9];
- avviso di mora di cui alla lett. e) dell'articolo 19, comma 1 del Decreto Legislativo n. 546 del 1992[10];
- iscrizione di ipoteca sugli immobili di cui all'articolo 77 del Decreto del Presidente della Repubblica n. 602 del 1973, prevista dalla lett. e-*bis)* del medesimo articolo 19, comma 1, del Decreto Legislativo n. 546 del 1992;

---

[9] Nella presente per cartella di pagamento si intende solo l'atto riferibile all'attività dell'Agente della riscossione, con esclusione quindi del ruolo a cui si riferisce.

[10] Anche se in realtà bisognerebbe parlare di avvisi di intimazione previsti dall'articolo 50, comma 2, del Decreto del Presidente della Repubblica n.602 del 1973 (che sostituiscono i soppressi avvisi di mora).

- fermo di beni mobili registrati, di cui all'articolo 86 del Decreto del Presidente della Repubblica n. 602 del 1973, elencato *sub* lett. e-*ter)* dell'articolo 19, comma 1;
- atti relativi alle operazioni catastali, indicate nell'articolo 2, comma 3, del Decreto Legislativo n. 546 del 1992.

In proposito, occorre anche considerare che, in base a quanto chiarito dalla circolare n. 9/E, la procedura della mediazione trova applicazione qualora il contribuente intenda impugnare un atto presupposto riconducibile all'attività dell'Agenzia delle entrate, di cui eccepisca la mancata precedente notificazione. Ciò in quanto il comma 3 dell'articolo 19 del Decreto Legislativo n.546 del 1992 – direttamente applicabile al procedimento di mediazione – stabilisce che *"La mancata notificazione di atti autonomamente impugnabili, adottati precedentemente all'atto notificato, ne consente l'impugnazione unitamente a quest'ultimo"*. In pratica, dunque, il contribuente è obbligato a presentare preliminarmente l'istanza di mediazione ogni qualvolta, pur impugnando un atto riferibile all'Agente della riscossione, eccepisca la mancata notifica di un atto presupposto emanato dall'Agenzia delle Entrate.

Infine, il comma 4 dell'articolo 17-*bis* del Decreto Legislativo n. 546 del 1992 statuisce che *"Il presente articolo non si applica alle controversie di cui all'articolo 47*-bis", quindi in nessun caso sono mediabili le controversie aventi ad oggetto il recupero degli aiuti di Stato illegittimi, indipendentemente dalla tipologia di atto inerente al caso di specie (ad esempio, atto di recupero, avviso di accertamento, cartella di pagamento), nonché i relativi interessi e sanzioni. La preclusione, espressamente stabilita dal comma 4 dell'articolo 17-bis, è assoluta e prescinde dalla tipologia dell'atto impugnato.

Parte resistente nell'eventuale giudizio

Come precedentemente accennato, il comma 1 dell'articolo 17-*bis* del Decreto Legislativo n. 546 del 1992 trova applicazione limitatamente alle controversie concernenti atti emessi dall'Agenzia delle Entrate.

Nasce quindi la necessità di precisare che quando ci troviamo di fronte a controversie relative agli atti emessi dall'Agente della riscossione, quale, ad esempio, la cartella di pagamento che, come ricordato nei precedenti punti, di norma non rientra tra gli atti per i quali l'articolo 17-*bis* prevede la fase di mediazione:

a) se il contribuente contesta esclusivamente vizi propri della cartella di pagamento la controversia non può essere oggetto di mediazione;

b) nel caso in cui la cartella di pagamento venga impugnata sollevando vizi riconducibili solo all'attività dell'Agenzia delle Entrate e la relativa controversia sia di valore non superiore a ventimila euro, il contribuente deve preventivamente avviare il procedimento di mediazione;

c) se il contribuente impugna la cartella di pagamento formulando eccezioni relative sia all'attività svolta dall'Agenzia delle Entrate sia a quella dell'Agente della riscossione, si può verificare una delle seguenti tre ipotesi:

1) *Il contribuente notifica il ricorso solo all'Agente della riscossione.*

In questo caso, l'Agente della riscossione deve chiamare in causa l'Agenzia delle Entrate, considerato che, ai sensi dell'articolo 39 del Decreto Legislativo n. 112 del 1999, *"Il concessionario, nelle liti promosse contro di lui che non riguardano esclusivamente la regolarità o la validità degli atti esecutivi, deve chiamare in causa l'ente creditore interessato; in mancanza, risponde delle conseguenze della lite"*. Intervenendo in giudizio, le Direzioni provinciali, regionali o il Centro operativo di Pescara dell'Agenzia eccepiscono, limitatamente alle contestazioni sollevate in relazione all'attività dell'Agenzia, l'inammissibilità[11] del ricorso ai sensi dell'articolo 17-*bis*, comma 2, del Decreto Legislativo n. 546 del 1992. L'Agente della riscossione, invece, deve difendersi per

---

[11] L'articolo 17-*bis*, comma 2, del Decreto Legislativo n. 546 del 1992 prevede che *"La presentazione del reclamo è condizione di ammissibilità del ricorso. L'inammissibilità è rilevabile d'ufficio in ogni stato e grado del giudizio"*.

quanto concerne i vizi propri della cartella di pagamento, riconducibili quindi all'attività della stessa.

2) *Il contribuente avvia la fase di mediazione nei confronti dell'Agenzia, senza notificare il ricorso all'Agente della riscossione.*

In tale ipotesi, trova applicazione l'articolo 17-*bis* del Decreto Legislativo n. 546 del 1992, in relazione alle contestazioni riguardanti l'Agenzia delle Entrate. Successivamente, il contribuente potrà valutare l'eventuale prosecuzione del contenzioso, mediante la costituzione in giudizio sulla base dell'articolo 17-*bis*, comma 9 e dell'articolo 22 del Decreto Legislativo n. 546 del 1992, in caso di conclusione sfavorevole della mediazione.

3) *Il contribuente notifica il ricorso all'Agente della riscossione e contestualmente avvia la fase di mediazione con l'Agenzia delle entrate.*

Anche in quest'ultima ipotesi trova applicazione il procedimento di cui all'articolo 17-*bis* del Decreto Legislativo n. 546 del 1992.

Valore delle controversie

L'ultimo criterio da rispettare affinché il nuovo istituto trovi applicazione è rappresentato dal valore delle controversie, il quale non deve essere superiore a ventimila euro[12].

Ai sensi del comma 3 dell'articolo 17-*bis* del Decreto Legislativo n. 546 del 1992, il valore della controversia "*è determinato secondo le disposizioni di cui al comma 5 dell'articolo 12*". Nella specie, l'articolo 12[13], comma 5, del Decreto Legislativo n. 546 del 1992 dispone che "*Per valore della lite si intende l'importo del tributo al netto degli interessi e delle eventuali sanzioni irrogate con l'atto impugnato; in caso di controversie relative esclusivamente alle irrogazioni di*

---

[12] Comma 1 dell'articolo 17-bis del Decreto Legislativo n. 546 del 1992

[13] Le controversie di valore inferiore a 2.582,28 euro, anche se concernenti atti impositivi dei comuni e degli altri enti locali, nonché i ricorsi di cui all' art. 10 del decreto del Presidente della Repubblica 28-11-1980, n. 787 , possono essere proposti direttamente dalle parti interessate, che, nei procedimenti relativi, possono stare in giudizio anche senza assistenza tecnica. *Per valore della lite si intende l' importo del tributo al netto degli interessi e delle eventuali sanzioni irrogate con l'atto impugnato; in caso di controversie relative esclusivamente alle irrogazioni di sanzioni, il valore è costituito dalla somma di queste.* Il presidente della commissione o della sezione o il collegio possono tuttavia ordinare alla parte di munirsi di assistenza tecnica fissando un termine entro il quale la stessa è tenuta, a pena di inammissibilità, a conferire l' incarico a un difensore abilitato.

sanzioni, il valore è costituito dalla somma di queste". Pertanto, il valore dell'oggetto del reclamo è determinato con riferimento a ciascun atto impugnato ed è dato dall'importo del tributo contestato dal contribuente, al netto degli interessi e delle eventuali sanzioni irrogate. In caso di atto di irrogazione delle sanzioni ovvero di impugnazione delle sole sanzioni, il valore della controversia è invece costituito dalla somma delle sanzioni contestate.

La circolare 9/E dell'Agenzia delle Entrate tende a esplicare meglio la situazione, stabilendo che:

- qualora un atto si riferisca a più tributi (per esempio, Irpef e Irap ovvero imposta di registro, ipotecaria e catastale) il valore deve essere calcolato con riferimento al totale delle imposte che hanno formato oggetto di contestazione da parte del contribuente;
- in presenza di impugnazione cumulativa avverso una pluralità di atti[14], la necessità di uno specifico e

---

[14] Sull'ammissibilità del ricorso cumulativo, cfr., tra le altre, Cass. 29 marzo 2011, n. 7157 e n. 7159, secondo cui la *"cumulabilità è prevista dall'art. 104 c.p.c., cfr. Cass. nn. 7359/02 e 19666/04, giurisprudenza che va confermata anche alla luce dei principi di cui all'art. 111 Cost., giovando alla speditezza della giurisdizione la riunione delle cause"*.

Si segnala, inoltre, che secondo la giurisprudenza di legittimità è ammesso il ricorso cumulativo, anche avverso più sentenze, al verificarsi, tuttavia, di alcune precise condizioni. In particolare, *"secondo le Sezioni unite di questa Corte, il ricorso cumulativo contro una pluralità di sentenze emesse* concreto nesso tra l'atto impositivo oggetto dell'istanza di mediazione e le contestazioni formulate dal contribuente, richiesto dall'articolo 19 del Decreto Legislativo n. 546 del 1992, impone di individuare il valore della lite con riferimento a ciascun atto impugnato con il ricorso cumulativo;

- relativamente alle controversie aventi ad oggetto il rifiuto espresso o tacito alla restituzione di tributi, il valore della controversia va invece determinato tenendo conto dell'importo del tributo richiesto a rimborso, al netto degli accessori[15];

---

in materia tributaria, anche se formalmente distinte perché relative a differenti annualità, è ammissibile quando la soluzione, per tutte le sentenze, dipenda da identiche questioni di diritto comuni a tutte le cause, in modo da dar vita ad un giudicato rilevabile d'ufficio in tutte le controversie relative al medesimo rapporto d'imposta (Cass. S.U. 13916/2006; 3692/2009, in parte motiva), tale ammissibilità, come si è detto, nella fattispecie non ricorre, riguardando le sentenze, cumulativamente impugnate, anni d'imposta e tributi differenti, rispetto ai quali vengono conseguentemente proposti quesiti di diritto che non sono comuni a tutte le controversie. Non sussistendo dunque, ancorché tutte le sentenze risultino pronunciate fra le stesse parti, né identità del Collegio giudicante, né identità di struttura argomentativa, in relazione ad anni d'imposta e a tributi in parte differenti (Cass. 19950/2005; 1542/2007), né soprattutto la prospettazione e la soluzione di identiche questioni di diritto, non ricorrono i presupposti di ammissibilità del ricorso in oggetto" (Cass. 30 giugno 2010, n. 15582).

[15] Si propone l'esempio presente sulla Circolare 9/E del 2012 dell'Agenzia delle Entrate: *"Se con una determinata istanza si richiede il rimborso di*

- per gli atti aventi un valore non superiore a ventimila euro, il contribuente è tenuto ad osservare in ogni caso la procedura prevista dall'articolo 17-*bis* del Decreto Legislativo n. 546 del 1992.

Poiché l'articolo 17-*bis* richiede che la controversia sia contraddistinta da un valore espressamente individuato, restano escluse dalla fase di mediazione le fattispecie di valore indeterminabile[16].

Un caso poi specificamente a sé è quello delle perdite[17], oggetto di atti di accertamento che ne modificano l'entità. In questo caso:

- sulla minore perdita deve essere calcolata l'imposta virtuale di riferimento, che costituisce il parametro di

---

tributi afferenti a più periodi d'imposta e per uno solo di essi l'importo richiesto a rimborso non supera i ventimila euro, per quest'ultimo il contribuente deve presentare istanza di mediazione prima della eventuale instaurazione del giudizio". Si ricorda che generalmente per elementi accessori s'intendono le sanzioni e gli interessi chiesti a rimborso con l'istanza.

[16] Si propone l'esempio presente sulla Circolare 9/E del 2012 dell'Agenzia delle Entrate: *"Provvedimenti di diniego di iscrizione e di cancellazione dall'Anagrafe unica delle Onlus oppure quelle concernenti esclusivamente la spettanza di un'agevolazione".*

[17] Cfr. Circolare 9/E del 2012 dell'Agenzia delle Entrate al punto 1.3.1. *"La rettifica delle perdite"*

commisurazione del valore della controversia, anche se non recuperata espressamente dall'atto impositivo;
- se è presente una maggiore imposta, questa si somma all'imposta virtuale;
- anche nel caso della persona fisica la cui perdita è compensabile nello stesso periodo, si sommano eventuale maggiore imposta accertata e imposta virtuale derivante dalla diminuzione della perdita.

Al fine di far meglio comprendere il calcolo da effettuare vengono riportati gli esempi proposti nella Circolare 9/E del 2012 dell'Agenzia delle Entrate:

A) Avviso di accertamento con riduzione della perdita dichiarata nel 2008 da una società di capitali:

Perdita dichiarata	Perdita accertata	Differenza	Valore della lite
- 50.000	- 10.000	40.000	11.000[18]

B) Avviso di accertamento con recupero della perdita dichiarata nel 2008 da una società di capitali ed individuazione di reddito imponibile:

---

[18] Pari all'imposta calcolata sulla differenza con l'aliquota proporzionale del 27,5% applicabile a decorrere dal periodo d'imposta 2008 per effetto delle modifiche apportate all'articolo 77 del TUIR dalla legge 27 dicembre 2007, n. 244.

	Perdita	Reddito imponibile	Imposta	Valore della lite
Dichiarato	- 50.000	0	0	
Accertato	0	10.000	2.750[19]	16.500[20]

C) Avviso di accertamento con recupero della perdita dichiarata nel 2010 da una persona fisica con altri redditi compensabili ("orizzontalmente") ed individuazione di reddito imponibile:

	Perdita	Altri redditi compensabili	Reddito complessivo	Reddito imponibile	Imposta	Valore della lite
Dichiarato	- 30.000	20.000	10.000	10.000	2.300	
Accertato	0	20.000	20.000	20.000	4.800	2.500[21]

---

[19] Pari all'imposta calcolata sul reddito imponibile accertato con l'aliquota proporzionale del 27,5% applicabile a decorrere dal periodo d'imposta 2008 per effetto delle modifiche apportate all'articolo 77 del TUIR dalla legge n. 244 del 2007.

[20] Pari alla somma dell'imposta "virtuale" (27,5% di 50.000 euro) e della maggiore imposta accertata (2.750 euro).

D) Avviso di accertamento con recupero della perdita non riportabile dichiarata nel 2010 da una persona fisica con altri redditi compensabili ("orizzontalmente") ed individuazione di reddito imponibile:

	Perdita	Altri redditi compensabili	Reddito complessivo	Reddito imponibile	Imposta	Valore della lite
Dichiarato	- 30.000	10.000	- 20.000	0	0	
Accertato	0	10.000	10.000	10.000	2.300[22]	2.300[23]

E) Avviso di accertamento con recupero della perdita riportabile dichiarata nel 2010 da una persona fisica con altri redditi compensabili ed individuazione di reddito imponibile:

---

[21] Il valore della lite sarà dato dalla maggiore imposta accertata (4.800-2.300).

[22] Pari all'imposta calcolata sul reddito imponibile accertato con l'aliquota per scaglioni prevista per l'anno d'imposta 2010.

[23] Il valore della lite sarà dato dalla sola maggiore imposta accertata in quanto una parte di perdita (pari a 20.000) non è stata utilizzata e non è riportabile nelle successive annualità.

	Perdita	Altri redditi compensabili	Reddito complessivo	Reddito imponibile	Imposta	Valore della lite
Dichiarato	-30.000	10.000	0[24]	0	0	
Accertato	0	10.000	10.000	10.000	2.300[25]	7.720[26]

---

[24] La parte di perdita (20.000) non compensata nell'anno è riportabile.

[25] Pari all'imposta calcolata sul reddito imponibile accertato con l'aliquota per scaglioni prevista per l'anno d'imposta 2010.

[26] Pari all'imposta "virtuale" calcolata con le aliquote per scaglioni previste per l'anno d'imposta 2010 sulla somma dell'ammontare del recupero della perdita riportabile (20.000) e dell'imponibile accertato (10.000).

ATTO DI RECLAMO

L'articolo 17-*bis* del Decreto Legislativo n. 546 del 1992 prevede che a introdurre la procedura di mediazione, finalizzata a valutare le concrete possibilità di evitare il contenzioso avverso gli atti dell'Agenzia delle Entrate, sia una specifica istanza[27]. Con l'istanza di reclamo, il contribuente da una parte sottopone in via preventiva alla competente struttura dell'Agenzia delle Entrate tutti i motivi in base ai quali chiede l'annullamento totale o parziale dell'atto (funzione pre-processuale), dall'altro può procedere a formulare una motivata proposta di mediazione (fase amministrativa). Dalla notifica dell'istanza parte un termine, non superiore ai novanta giorni, per l'instaurazione della controversia. Trascorso il termine senza che sia stato notificato l'accoglimento o sia stata conclusa la mediazione, l'istanza si converte di diritto nell'atto introduttivo del successivo giudizio, producendo gli effetti del ricorso giurisdizionale.

Si può quindi affermare, senza indugio, che l'atto di reclamo è, in sostanza, un ricorso, infatti l'articolo 17-*bis* del Decreto

---

[27] Un fac-simile di istanza è stato allegato alla Circolare n. 9/E del 19 marzo 2012 dell'Agenzia delle Entrate.

Legislativo n. 546 del 1992 rinvia ai seguenti articoli del medesimo decreto, in quanto compatibili:
- articolo 12 (obbligo di assistenza tecnica);
- articolo 18 (modalità di stesura del ricorso);
- articolo 19 (provvedimenti e autonomia degli atti impugnabili);
- articolo 20 (modalità di notifica del ricorso);
- articolo 21 (termine per la notifica del ricorso);
- articolo 22, comma 4, (documenti da depositare in sede di costituzione in giudizio).

E' quindi chiaro che il reclamo, dal punto di vista della stesura, della notifica e dei termini, altro non è che un "ricorso anticipato". In virtù di ciò, il reclamo deve, a pena di inammissibilità, contenere le indicazioni:
- della Commissione tributaria cui è (o meglio, sarà) diretto;
- del ricorrente e del suo legale rappresentante;
- della relativa residenza o sede legale;
- del domicilio eventualmente eletto nel territorio dello Stato;
- del codice fiscale;
- della Direzione provinciale/DRE nei cui confronti è proposto;

- dell'atto impugnato;
- dell'oggetto della domanda;
- del valore della controversia
- dei motivi[28] di ricorso;
- del difensore, ivi inclusa la sottoscrizione[29].

Oltre a ciò, occorre l'indicazione:

- del codice fiscale del difensore[30];
- della casella PEC del difensore e della parte, se esistente[31];
- del numero di *fax* del difensore[32].

---

[28] In ragion del fatto che a seguito dell'inutile decorso della fase di mediazione l'istanza può produrre gli effetti del ricorso giurisdizionale, i motivi esposti nell'istanza devono coincidere integralmente con quelli del ricorso, a pena di inammissibilità. Non è consentito integrare (successivamente all'introduzione del giudizio) i motivi del ricorso. Invero, ai sensi del comma 2 dell'articolo 24 del Decreto Legislativo n. 546 del 1992, l'integrazione dei motivi di ricorso è ammessa esclusivamente quando *"resa necessaria dal deposito di documenti non conosciuti ad opera delle altre parti o per ordine della commissione"*.

[29] Articolo 18, comma 2, del Decreto Legislativo n. 546 del 1992.

[30] Articolo 125 del codice di procedura civile.

[31] Articolo 16, comma 1-bis, del Decreto Legislativo n. 546 del 1992.

[32] Articolo 13, comma 3-bis, del Decreto del presidente della Repubblica n. 115 del 2002.

- In aggiunta alle suddette indicazioni, comuni al reclamo e al ricorso, l'atto di reclamo deve contenere:
- la richiesta di annullamento "in autotutela" dell'atto;
- una proposta di mediazione, con rideterminazione della pretesa;
- l'eventuale richiesta di sospensione dell'atto impugnato;
- in ultimo, il domicilio presso il quale il contribuente intende ricevere le comunicazioni relative al procedimento, in mancanza le comunicazioni saranno effettuate presso la residenza o la sede legale del contribuente.

LEGITTIMAZIONE A PRESENTARE ISTANZA

In ragione dello stretto rapporto tra istanza di mediazione e ricorso giurisdizionale, vi è una perfetta coincidenza tra la legittimazione processuale attiva nel giudizio tributario e la legittimazione a presentare l'istanza di cui all'articolo 17-*bis* del Decreto Legislativo n. 546 del 1992. All'articolo in questione, anche se non previsto espressamente, risultano applicabili le disposizioni di cui agli articoli 10 e 11[33] del Decreto Legislativo n. 546 del 1992. Da ciò deriva che sono legittimati, alternativamente, a presentare istanza:

- il contribuente che ha la capacità di stare in giudizio, sia direttamente sia a mezzo di procuratore generale o speciale, quando il valore della controversia è inferiore a 2.582,28 euro;

---

[33] Si ritengono applicabili al nuovo istituto gli articoli 10 e 11 del Decreto Legislativo n. 546 del 1992, per quanto concerne, in particolare, l'individuazione della *legitimatio ad causam*, vale a dire della capacità di essere parte nel processo tributario, e della *legitimatio ad processum*, che consiste nell'attitudine del soggetto che ha la titolarità dell'azione a proporre la domanda e a compiere validamente gli atti processuali.

- il rappresentante legale del contribuente, se è sprovvisto di tale capacità, quando il valore della controversia è inferiore a 2.582,28 euro;
- il difensore, nelle controversie di valore pari o superiore a 2.582,28 euro[34].

---

[34] Articolo 12 del Decreto Legislativo n. 546 del 1992.

La tempistica

In merito alla tempistica da osservare, l'istanza di mediazione va notificata:
- a pena di inammissibilità, entro 60 giorni dalla data di notificazione dell'atto che il contribuente intende impugnare;
- nel caso di rifiuto tacito opposto a una domanda di rimborso, dopo il novantesimo giorno dalla domanda presentata entro i termini previsti da ciascuna legge d'imposta e fino a quando il diritto alla restituzione non è prescritto (articolo 21, comma 2, del Decreto Legislativo n. 546 del 1992).

Al termine di proposizione dell'istanza si applicano le disposizioni sulla sospensione dei termini processuali nel periodo feriale (legge n. 742[35] del 1969). Inoltre, ove venga

---

[35] La legge n. 742 del 1969 all'articolo 1 recita che "Il decorso dei termini processuali relativi alle giurisdizioni ordinarie ed a quelle amministrative è sospeso di diritto dal 1° agosto al 15 settembre di ciascun anno e riprende a decorrere dalla fine del periodo di sospensione. Ove il decorso abbia inizio durante il periodo di sospensione, l'inizio stesso è differito alla fine di detto periodo. La stessa disposizione si applica per il termine stabilito dall'art.201 del codice di procedura penale."

attivata la procedura di accertamento con adesione, trova applicazione il comma 3 dell'articolo 6 del Decreto Legislativo n. 218 del 1997, per cui il termine per la proposizione dell'eventuale, successiva istanza di mediazione è sospeso per un periodo di 90 giorni dalla data di presentazione da parte del contribuente dell'istanza di accertamento con adesione. Quanto al termine di 30 giorni, prescritto dall'articolo 22 del Decreto Legislativo n. 546 del 1992 per la costituzione in giudizio innanzi alla Commissione tributaria provinciale, esso deve computarsi decorsi 90 giorni dalla presentazione dell'istanza di mediazione, qualora la stessa non risulti accolta ovvero nell'ipotesi in cui il procedimento di mediazione si concluda con esito negativo.

La notifica

Per quanto concerne la notifica dell'istanza, il comma 6 dell'articolo 17-*bis* del Decreto Legislativo n. 546 del 1992 richiama espressamente l'articolo 20 dello stesso decreto, il quale al comma 1, stabilisce che *"Il ricorso è proposto mediante notifica a norma dei commi 2[36] e 3[37] del precedente art. 16"*.

Pertanto, la notifica dell'istanza nei confronti dell'Ufficio che ha emanato l'atto deve essere effettuata secondo una delle seguenti modalità:

- a mezzo di ufficiale giudiziario, con le modalità previste dall'articolo 137 e seguenti del codice di procedura civile;

---

[36] L'articolo 16, comma 2 del Decreto Legislativo n. 546 del 1992, prevede che *"Le notificazioni sono fatte secondo le norme degli articoli 137 e seguenti del codice di procedura civile, salvo quanto disposto dall'art. 17"*.

[37] L'articolo 16, comma 3 del Decreto Legislativo n. 546 del 1992, prevede che *"Le notificazioni possono essere fatte anche direttamente a mezzo del servizio postale mediante spedizione dell'atto in plico senza busta raccomandato con avviso di ricevimento, sul quale non sono apposti segni o indicazioni dai quali possa desumersi il contenuto dell'atto, ovvero all'ufficio del Ministero delle finanze ed all'ente locale mediante consegna dell'atto all'impiegato addetto che ne rilascia ricevuta sulla copia"*.

- mediante consegna diretta all'Ufficio dell'Agenzia delle Entrate, che ne rilascia ricevuta;
- direttamente a mezzo del servizio postale, mediante spedizione dell'istanza in plico senza busta raccomandato con avviso di ricevimento, sul quale non sono apposti segni o indicazioni dai quali possa desumersi il contenuto dell'atto.

Come accennato precedentemente nel paragrafo intitolato *Decorrenza*, si ricorda che nelle ipotesi di spedizione a mezzo del servizio postale, la notificazione[38] dell'istanza si considera effettuata alla data di spedizione tramite servizio postale della medesima istanza e non a quella di ricezione da parte della Direzione.

---

[38] L'articolo 16, comma 3 del Decreto Legislativo n. 546 del 1992, prevede che *"Qualunque comunicazione o notificazione a mezzo del servizio postale si considera fatta nella data della spedizione; i termini che hanno inizio dalla notificazione o dalla comunicazione decorrono dalla data in cui l'atto è ricevuto"*.

A CHI PRESENTARE L'ISTANZA

L'articolo 17-bis, comma 5 del Decreto Legislativo n. 546 del 1992 prevede che "Il reclamo va presentato alla Direzione provinciale o alla Direzione regionale che ha emanato l'atto, le quali provvedono attraverso apposite strutture diverse ed autonome da quelle che curano l'istruttoria degli atti reclamabili".

Ne consegue che destinatario dell'istanza in esame è la direzione provinciale o regionale che ha emanato l'atto impugnato o non ha emanato l'atto richiesto. Per quanto riguarda le controversie aventi a oggetto atti emanati dai Centri operativi, per effetto del comma 10 dell'articolo 5 del Regolamento di amministrazione, vale il criterio seguente:

- ove sia impugnato un atto emesso nello svolgimento delle attività di controllo e di accertamento di cui all'articolo 28 del Decreto Legge n. 78[39] del 2010, l'istanza va notificata alla direzione provinciale cui spettano le attribuzioni sul tributo controverso ovvero

---

[39] L'articolo 28 del Decreto Legge n. 78[39] del 2010 ha ad oggetto controlli nei confronti dei soggetti che, in base all'incrocio dei dati provenienti dall'Inps, risultano aver percepito e non dichiarato redditi di lavoro dipendente.

alla direzione regionale, qualora si tratti di atti emessi da quest'ultima nell'ambito delle sue specifiche competenze;

- nel caso di impugnazione di altri atti emessi dai Centri operativi (relativi a rimborsi nei confronti di contribuenti non residenti o ai crediti d'imposta previsti dalle leggi speciali), l'istanza andrà notificata direttamente a questi ultimi.

Documentazione da allegare all'istanza

Essendo la procedura di mediazione finalizzata a valutare la possibilità di evitare il contenzioso, l'Ufficio ha l'esigenza di poter effettuare un preliminare esame dei motivi di impugnazione dell'atto nonché dei documenti che l'istante intende produrre in giudizio perché ritenuti idonei a dimostrare la fondatezza del ricorso.

A tal fine, l'articolo 22 al comma 4 del Decreto Legislativo n. 546 del 1992 disciplina che *"Unitamente al ricorso ed ai documenti previsti al comma 1, il ricorrente deposita il proprio fascicolo, con l'originale o la fotocopia dell'atto impugnato, se notificato, ed i documenti che produce, in originale o fotocopia"*.

Ne consegue che, all'istanza il contribuente deve allegare:
- copia dell'atto impugnato;
- copia di tutti i documenti che, in caso di esito negativo del procedimento di mediazione e di eventuale costituzione in giudizio, il contribuente intenderebbe allegare al ricorso e depositare presso la segreteria della Commissione tributaria provinciale, con il proprio

fascicolo di causa, per provare in giudizio la fondatezza delle eccezioni sollevate avverso l'atto impugnato[40].

L'allegazione dei citati documenti ha la funzione di consentire all'Agenzia di procedere immediatamente nella valutazione dell'istanza, quindi la mancata allegazione di atti o documenti non in possesso dell'Ufficio potrebbe rendere l'istanza incompleta (e non conforme quindi al ricorso, completo di allegati, eventualmente depositato in Commissione al termine del procedimento), allorché tali atti o documenti siano dimostrativi di fatti rilevanti ai fini della compiuta e corretta disamina delle ragioni addotte dal contribuente.

In definitiva, l'allegazione dei documenti all'istanza trova ragione nella considerazione che il procedimento di mediazione è volto ad evitare l'instaurazione della controversia. Alla Direzione va pertanto notificata l'istanza completa dei documenti che il contribuente intende eventualmente addurre insieme al ricorso.

---

[40] Cfr. la Circolare n. 9/E del 19 marzo 2012 dell'Agenzia delle Entrate.

Imposta di bollo e Contributo unificato

L'istanza presentata all'ufficio non è assoggettabile all'imposta di bollo, poiché, come precisato nella risoluzione n. 13/2011, fra gli atti esenti di cui all'articolo 5 della tabella allegata al Decreto del presidente della Repubblica n. 642 del 1972, vi sono quelli "prodotti nell'ambito di procedimenti che attengono all'applicazione di leggi tributarie".

Per quanto riguarda il contributo unificato[41], la circolare 9/E del 19 marzo 2012 dell'Agenzia delle Entrate chiarisce che

---

[41] Estratto della Circolare n. 9/E del 19 marzo 2012 dell'Agenzia delle Entrate : "Nella circolare n. 1/DF del 21 settembre 2011, concernente l'introduzione del contributo unificato nel processo tributario, il Ministero dell'economia e delle finanze ha precisato, al punto 2.1, che è *"dovuto il contributo unificato per i seguenti atti:*

h) reclamo con o senza proposta di mediazione di cui al comma 1 dell'art. 17-bis, aggiunto al Decreto Legislativo n. 546 del 1992 dall'art. 39, comma 9, del decreto legge n. 98 del 2011, nelle controversie di valore non superiore a ventimila euro, al momento del deposito nella Segreteria della Commissione tributaria provinciale, decorso il termine di 90 giorni previsto dal citato comma 9 o il termine più breve nel caso di rigetto o di accoglimento parziale del reclamo stesso;".

Al punto 3 la medesima circolare chiarisce che *"l'obbligo di pagamento del contributo insorge al momento del deposito del reclamo nella Segreteria della Commissione tributaria provinciale".*

Di contro, al punto 2.2 della circolare n. 1/DF del 2011 si afferma che il contributo unificato non è dovuto per il *"reclamo con o senza proposta di mediazione di cui al comma 1 dell'art. 17-bis, Decreto Legislativo n. 546* l'unica ipotesi in cui esso risulta dovuto è il caso in cui a seguito del diniego dell'Agenzia alla richiesta dell'annullamento dell'atto o del mancato raggiungimento dell'accordo di mediazione, il contribuente depositi il ricorso presso la segreteria della Commissione tributaria provinciale.

---

del 1992 nelle controversie di valore non superiore a ventimila euro, al momento della sua presentazione alla Direzione provinciale o alla Direzione regionale dell'Agenzia delle Entrate che ha emanato l'atto ai sensi del comma 5 dell'art. 17-bis del Decreto Legislativo n. 546 del 1992".

Effetti dell'istanza di mediazione

Gli effetti dell'istanza di mediazione conseguenti alla sua presentazione possono essere sintetizzati in:
- effetti sostanziali;
- effetti processuali.

In particolare, il documento di prassi rileva come la notifica dell'istanza di mediazione all'Agenzia delle Entrate produca primariamente l'effetto (sostanziale) di interrompere il decorso del termine di decadenza per l'impugnazione dell'atto.

Di contro, gli effetti (processuali) del ricorso conseguono all'istanza solo in caso di insuccesso del procedimento di mediazione. Fra di essi, particolare rilevanza assume la cristallizzazione della materia del contendere, nel senso che le ragioni di dissenso e le censure alla pretesa fiscale indicate nell'istanza, ove non accolte con conseguente instaurazione della fase processuale, impediranno qualsiasi integrazione degli originari motivi di contestazione. Pertanto, risulta inammissibile il motivo di ricorso, proposto innanzi al giudice tributario, per il quale non sia stata preventivamente esperita la procedura di mediazione. Né è consentito integrare (successivamente all'introduzione del giudizio) i motivi del ricorso, eccetto che per l'ipotesi prevista dal comma 2 dell'articolo 24 del Decreto Legislativo n. 546 del 1992, ossia quando risulti necessario a seguito del deposito di documenti non conosciuti ad opera delle altre parti o per ordine della commissione tributaria.

Sempre in tema di effetti, la Circolare n. 9/E del 19 marzo 2012 dell'Agenzia delle Entrate chiarisce un ulteriore aspetto: la presentazione dell'istanza di mediazione, così come la proposizione del ricorso giurisdizionale, non comporta la sospensione automatica dell'esecuzione dell'atto impugnato; tuttavia, nell'istanza, il contribuente può richiedere che la riscossione venga sospesa in via amministrativa.

Proposta di Mediazione

Come accennato precedentemente, oltre a tutti gli elementi obbligatori da indicare nell'istanza, pena l'inammissibilità, il reclamo deve contenere una proposta di annullamento totale o parziale dell'atto, nonché può essere prevista una proposta[42] di mediazione completa anche della rideterminazione della pretesa.

Dall'analisi del comma 7 dell'articolo 17-*bis* del Decreto Legislativo n. 546 del 1992 emergono quindi alcuni elementi meritevoli d'indagine. Infatti, mentre l'istanza di reclamo con la richiesta di annullamento totale o parziale dell'atto risulta essere obbligatoria, la proposta di mediazione è una facoltà attribuita al contribuente. Tale interpretazione si evince chiaramente sia dall'articolo 17-*bis* del Decreto Legislativo n. 546 del 1992, nonché dalla Circolare 9/E del 19 marzo 2012 dell'Agenzia delle Entrate.

L'eventuale mancanza di una rideterminazione della pretesa impositiva, o sanzionatoria, oppure l'erroneo ricalcolo effettuato dal contribuente non inficia la mediazione, perché è

---

[42] Comma 7 dell'articolo 17-*bis* del Decreto Legislativo n. 546 del 1992.

all'Agenzia delle Entrate che compete la rideterminazione del *quantum*. Da ciò deriva che, conta esclusivamente che la proposta di mediazione sia adeguatamente motivata affinché l'ufficio dell'Agenzia delle Entrate possa comprendere i motivi e le ragioni della richiesta.

In particolare, il contribuente presenterà la proposta di mediazione nei casi in cui sia consapevole fin dall'inizio della debolezza delle proprie tesi difensive, e soprattutto di avere scarsissime possibilità di vittoria nella successiva fase processuale. In questo caso, laddove dovesse andare a buon fine la mediazione, riceverebbe un doppio vantaggio. Il primo consisterebbe nella riduzione della sanzione al 40% delle sanzioni irrogabili in rapporto all'ammontare risultante dalla conciliazione, ed il secondo, riferito alla fase processuale, consisterebbe nel risparmio delle spese di lite e del procedimento di mediazione.

Trattazione del reclamo

Il nuovo istituto della mediazione tributaria, caratterizzato da una fase pre-processuale di tipo amministrativo, consente all'Ufficio[43] di esaminare preventivamente la controversia, al fine di evitare un inutile e dispendioso contenzioso, anche attraverso la conclusione di un accordo di mediazione.

Nella trattazione dell'istanza l'Ufficio procede secondo le modalità indicate al punto 5 della circolare 9/E del 2012 dell'Agenzia delle Entrate di seguito richiamate:

1) in primo luogo, esamina se sussistono i presupposti e i requisiti fissati dall'art. 17-bis del Decreto Legislativo 546 del 1992 per la presentazione dell'istanza[44];
2) verifica successivamente la fondatezza dei motivi rappresentati nell'istanza;

---

[43] L'articolo 17-*bis* del Decreto Legislativo n. 546 del 1992 al comma 5 prevede che " *Il reclamo va presentato alla Direzione provinciale o alla Direzione regionale che ha emanato l'atto, le quali provvedono attraverso apposite strutture diverse ed autonome da quelle che curano l'istruttoria degli atti reclamabili*".

[44] Si rimanda alla lettura del paragrafo intitolato **"Atto di reclamo"**.

3) laddove non sussistano i presupposti per un annullamento, l'Ufficio valuta la proposta[45] di mediazione eventualmente formulata dal contribuente;
4) in assenza di proposta formulata dal contribuente, l'Ufficio valuta comunque la possibilità di pervenire ad un accordo di mediazione; a tal fine, se del caso, dopo aver invitato il contribuente al contraddittorio, può formulare, se ne ravvisa i presupposti, una motivata proposta di mediazione, completa della rideterminazione della pretesa, ai sensi del comma 8 dell'art. 17-bis del Decreto Legislativo 546 del 1992;
5) qualora non ravvisi i presupposti per la conclusione di una mediazione con rideterminazione della pretesa, la Direzione valuta l'opportunità di formulare una proposta di mediazione che consenta al contribuente di accettare l'intero importo del tributo oggetto del procedimento di mediazione, al fine di beneficiare comunque della conseguente riduzione delle sanzioni irrogate;
6) in tutti gli altri casi, la Direzione provvede al diniego dell'istanza.

---

[45] Si rimanda alla lettura del paragrafo intitolato **"Proposta di mediazione"**.

Ovviamente se, ricorrendone i presupposti, l'istanza di annullamento è interamente accolta, viene meno l'interesse del contribuente ad agire in giudizio, rendendo inammissibile l'eventuale ricorso giurisdizionale.

Di contro, in assenza dei presupposti per l'annullamento dell'atto, la competente struttura
valuta la possibilità di concludere un accordo di mediazione, tenendo conto:

- dell'incertezza delle questioni controverse[46];
- del grado di sostenibilità della pretesa[47];

---

[46] In tutti i casi in cui sussiste una difformità tra le posizioni sostenute dall'Ufficio nel proprio atto e l'orientamento della giurisprudenza sarà opportuno procedere ad una mediazione sulla base della proposta effettuata dal contribuente oppure e procedere ad una propria formulazione. L'Agenzia delle Entrate sottolinea nella Circolare n. 9/E del 19 marzo 2012 che *"è esclusa la possibilità di mediare in relazione a questioni risolte in via amministrativa con apposito documento di prassi, cui gli Uffici devono necessariamente attenersi anche nella gestione delle relative controversie, a nulla rilevando l'eventuale contrario orientamento della giurisprudenza cui l'Amministrazione non abbia ancora prestato adesione".*

[47] Si tratta di una valutazione circa la prevedibilità dell'esito sfavorevole del giudizio di merito. In tal caso l'Agenzia delle Entrate sottolinea nella Circolare n. 9/E del 19 marzo 2012 un'ulteriore valutazione della giurisprudenza: *"Al riguardo, le valutazioni di opportunità, evidenziate nel precedente punto sotto il profilo delle questioni di diritto risolte dalla Cassazione, vanno estese alla giurisprudenza di merito relativamente alle questioni di fatto sollevate nell'istanza di mediazione".*

- del principio di economicità dell'azione amministrativa[48].

L'Ufficio, quindi in sede di esamina della controversia, al fine di evitare un inutile e dispendioso contenzioso tiene quindi conto del grado di sostenibilità o *rating*[49] della controversia. Per scegliere quindi la strada più conveniente deve considerare le ragioni del contribuente ed il grado di sostenibilità della pretesa del fisco e rapportarle con quelle che potrebbero essere le future prospettive di un contenzioso sia con riguardo alle questioni di diritto, sia con riguardo alle questioni di fatto ed avendo riguardo di non gravare il procedimento amministrativo di oneri inutili e dispendiosi (spese di lite).

---

[48] Tale principio è stato introdotto per sostenere il file deflattivo dell'istituto in quanto permette di valutare l'opportunità di procedere ad una mediazione rapida ed efficace con incassi immediati per il fisco invece di introdurre un giudizio, dagli esiti incerti e lunghi, con il rischio di veder condannata l'Amministrazione finanziaria alla spese di lite.

[49] La novità emerge dalla direttiva n. 29/2012 della direzione centrale Affari legali e contenzioso dell'agenzia delle Entrate datata 29 marzo 2012. La scheda di valutazione del rating di sostenibilità, detta "media-rating", della pretesa dell'ufficio che l'agenzia delle Entrate ha messo a punto, permette di valutare il grado di probabilità di soccombenza (o di vittoria) in maniera tale da indirizzare i funzionari degli uffici medesimi sulla strada più conveniente.

IL PROCEDIMENTO DI MEDIAZIONE

L'ufficio competente dopo aver effettuato le valutazioni in ordine all'istanza di mediazione secondo le modalità previste dai tre parametri indicati nell'articolo 17-*bis* del Decreto Legislativo n. 546 del 1992, qualora sussistano i presupposti per la mediazione potrà:

1) accettare, se l'istanza presentata dal contribuente contiene una motivata proposta di mediazione completa della rideterminazione dell'ammontare della pretesa, che presenti i presupposti per l'accoglimento integrale; lo stesso Ufficio inviterà il contribuente a sottoscrivere il relativo accordo di mediazione nel modo che risulti più celere ed efficace, senza bisogno di particolari formalità;

2) in mancanza di proposta formulata nell'istanza, l'Ufficio comunicherà una propria proposta motivata di mediazione, completa della rideterminazione della pretesa tributaria, recante, in calce, il nominativo e i recapiti del funzionario incaricato, al fine di consentire all'istante di contattare in modo celere l'Ufficio, sia per la sottoscrizione dell'accordo, qualora intenda

integralmente aderirvi, sia per avviare un contraddittorio sulla proposta di mediazione;

3) negli altri casi in cui ritenga possibile esperire la mediazione, l'Ufficio inviterà il contribuente al contraddittorio.

Nei casi in cui la parte non abbia formulato alcuna proposta di mediazione oppure l'Ufficio non reputi possibile e/o opportuno formulare immediatamente una motivata proposta di rideterminazione della pretesa, l'Amministrazione finanziaria invita il contribuente al contraddittorio. Non sono richieste particolari formalità per l'invito[50], che può essere comunicato al contribuente anche tramite posta elettronica ordinaria.

Gli elementi che potrebbero essere oggetto di discussione durante il contraddittorio potrebbero essere:

- i motivi del ricorso, con i quali il contribuente espone in dettaglio i vizi formali e sostanziali che potrebbe eccepire in sede contenziosa;
- l'eventuale indicazione di documenti non disponibili o non esibiti dal contribuente nell'istanza ma citati in

---

[50] Si ritiene che l'invito al contraddittorio debba contenere, oltre all'indicazione della data e del luogo della comparizione, il chiaro e specifico riferimento all'istanza.

essa, necessari a comprendere al meglio le contestazioni della parte;
- la formazione di un orientamento della Corte di cassazione ovvero della giurisprudenza di merito locale, contrario o favorevole alle posizioni dell'Agenzia.

In tal modo, il contribuente verrebbe a conoscenza delle possibili difese che l'amministrazione potrebbe eccepire in caso di contenzioso, il quale può decidere se aderire o meno all'eventuale proposta di mediazione formulata dall'Agenzia delle Entrate.

L'esito del contraddittorio viene descritto in un apposito verbale che deve essere sottoscritto, da un lato, dal contribuente (o dal difensore munito di procura) e, dall'altro, dal dirigente o dal funzionario incaricato del contraddittorio.

Se il contradditorio porta ad una mediazione tra contribuente e fisco, allora all'interno del verbale ci saranno indicazioni circa:
- l'indicazione delle nuove imposte, degli interessi e delle sanzioni che il contribuente dovrà versare;
- le modalità con cui il contribuente intende pagare (soluzione unica o rateizzazione).

Qualora il contribuente non si presenti al contraddittorio, il dirigente o funzionario incaricato annota la "mancata presentazione" dello stesso sull'originale dell'invito al contraddittorio. Tale comportamento potrebbe essere valutato negativamente in giudizio dalla Commissione tributaria, la quale in caso di rigetto del ricorso del contribuente potrebbe condannare quest'ultimo alle spese legali come previsto ai sensi del comma 10 dell'articolo 17-*bis* del Decreto Legislativo n. 546 del 1992.

CAPITOLO 4

Conclusione dell'accordo e riduzione sanzioni

L'accordo con il quale contribuente e fisco decidono di mediare la controversia si conclude alla sottoscrizione da parte del contribuente e dell'ufficio di un atto contenente l'indicazione degli importi da corrispondere e le modalità di versamento degli stessi. Il perfezionamento però di tale atto solo in un secondo momento, cioè con il pagamento delle somme da parte del contribuente il cui termine per adempiere decorre proprio dalla conclusione dell'accordo suddetto.

Il comma 8 dell'articolo 17-*bis* del Decreto Legislativo n. 546 del 1992, prevede che devono ritenersi applicabili le disposizioni dell'articolo 48[51] del predetto Decreto

---

[51] Articolo 48: Conciliazione giudiziale.
  1. *Ciascuna delle parti con l'istanza prevista nell'articolo 33, può proporre all'altra parte la conciliazione totale o parziale della controversia.*

2. *La conciliazione può aver luogo solo davanti alla commissione provinciale e non oltre la prima udienza, nella quale il tentativo di conciliazione può essere esperito d'ufficio anche dalla commissione.*
3. *Se la conciliazione ha luogo, viene redatto apposito processo verbale nel quale sono indicate le somme dovute a titolo d'imposta, di sanzioni e di interessi. Il processo verbale costituisce titolo per la riscossione delle somme dovute mediante versamento diretto in un'unica soluzione ovvero in forma rateale, in un massimo di otto rate trimestrali di pari importo, ovvero in un massimo di dodici rate trimestrali se le somme dovute superano i 50.000 euro. La conciliazione si perfeziona con il versamento, entro il termine di venti giorni dalla data di redazione del processo verbale, dell'intero importo dovuto ovvero della prima rata . Per le modalità di versamento si applica l'articolo 5 del decreto del Presidente della Repubblica 28 settembre 1994, n. 592. Le predette modalità possono essere modificate con decreto del Ministro delle finanze, di concerto con il Ministro del tesoro.*

3-bis. *In caso di mancato pagamento anche di una sola delle rate diverse dalla prima entro il termine di pagamento della rata successiva, il competente ufficio dell'Agenzia delle entrate provvede all'iscrizione a ruolo delle residue somme dovute e della sanzione di cui all'articolo 13 del decreto legislativo 18 dicembre 1997, n. 471, applicata in misura doppia, sul residuo importo dovuto a titolo di tributo.*

4. *Qualora una delle parti abbia proposto la conciliazione e la stessa non abbia luogo nel corso della prima udienza, la commissione può assegnare un termine, non superiore a sessanta giorni, per la formulazione di una proposta ai sensi del comma 5.*
5. *L'ufficio può, sino alla data di trattazione in camera di consiglio, ovvero fino alla discussione in pubblica udienza, depositare una proposta di conciliazione alla quale l'altra parte abbia previamente aderito. Se l'istanza è presentata prima della fissazione della data di trattazione, il presidente della commissione, se ravvisa la sussistenza dei presupposti e delle condizioni di ammissibilità, dichiara con decreto l'estinzione del giudizio. La proposta di conciliazione ed il decreto tengono luogo del processo verbale di cui al comma 3. Il decreto è comunicato alle parti ed il versamento dell'intero importo o della prima rata deve essere effettuato entro venti giorni dalla data della comunicazione. Nell'ipotesi in cui la conciliazione non sia*

Legislativo, disciplinanti il perfezionamento della conciliazione giudiziale. Se, nessun problema si riscontra nell'individuazione del momento a partire dal quale decorre il termine per effettuare il pagamento che realizza il perfezionamento nel caso in cui l'accordo di mediazione venga sottoscritto contestualmente dalle parti, maggiori problemi nascono nel caso di adesione alla proposta di una delle parti in quanto il termine di venti giorni[52] per l'effettuazione del versamento delle somme dovute decorre:

---

ritenuta ammissibile il presidente della commissione fissa la trattazione della controversia. Il provvedimento del presidente è depositato in segreteria entro dieci giorni dalla data di presentazione della proposta.
6. *In caso di avvenuta conciliazione le sanzioni amministrative si applicano nella misura del 40 per cento delle somme irrogabili in rapporto dell'ammontare del tributo risultante dalla conciliazione medesima. In ogni caso la misura delle sanzioni non può essere inferiore al 40 per cento dei minimi edittali previsti per le violazioni più gravi relative a ciascun tributo.*

[52] Si ricorda che, ai sensi del comma 3 dell'articolo 48 del Decreto Legislativo n. 546 del 1992, la conciliazione si perfeziona con il versamento dell'intero importo dovuto o della prima rata entro venti giorni dalla data dell'udienza in cui è stato raggiunto l'accordo tra le parti ed è stato redatto il processo verbale. In caso di conciliazione c.d. "fuori udienza", i 20 giorni decorrono dalla data di comunicazione del decreto del Presidente della Commissione tributaria che ha dichiarato l'estinzione del giudizio.

- dalla spedizione dell'atto di adesione da parte del contribuente che l'ha sottoscritto, quando la proposta sia stata formulata dall'Ufficio;
- dal ricevimento dell'atto di adesione dell'Ufficio, se la proposta era contenuta nell'istanza di mediazione presentata dal contribuente.

Elemento di elevata rilevanza è la determinazione delle sanzioni da applicare, le quali ai sensi del comma 3 dell'articolo 48 del Decreto Legislativo n. 546 del 1992 si applicano nella misura del 40% delle somme irrorabili in rapporto all'ammontare del tributo risultante della mediazione. In ogni caso la misura delle sanzioni non potrà essere inferiore al 40% dei minimi edittali previsti per le violazioni più gravi relative a ciascun tributo.

Le somme dovute possono altresì essere versate in un'unica soluzione oppure possono essere oggetto di rateizzazione. In quest'ultima ipotesi le rate potranno essere un massimo di otto ed il versamento della prima perfeziona l'accordo di mediazione.

L'Agenzia delle Entrate nella Circolare n. 9/E del 19 marzo 2012, inoltre, tende anche a sottolineare che "nel caso di accordo avente ad oggetto il rifiuto espresso o tacito di un rimborso, la mediazione si perfeziona con la conclusione del relativo accordo[53]".

L'effetto principale determinato dal perfezionamento dell'accordo è che l'atto impugnato ed il relativo rapporto giuridico che stava alla base dello stesso si estinguono e non possono più essere oggetto di contestazione. Situazione un può più complessa, invece, qualora il contribuente dopo aver richiesto il pagamento rateale ed aver effettuato il primo pagamento, non corrisponda una rata successiva alla prima. In questo caso sarà applicato il comma 3-*bis* del Decreto Legislativo n. 546 del 1992 secondo cui "*In caso di mancato pagamento anche di una sola delle rate diverse dalla prima entro il termine di pagamento della rata successiva, il competente ufficio dell'Agenzia delle entrate provvede all'iscrizione a ruolo delle residue somme dovute e della sanzione di cui all'articolo 13 del Decreto Legislativo 18 dicembre 1997, n. 471, applicata in misura doppia, sul residuo importo dovuto a titolo di tributo*". Ne deriva quindi che gli effetti per il contribuente sono la conseguente decadenza del beneficio della rateizzazione, iscrizione a ruolo dell'importo

---

[53] In quest'ipotesi vi sarebbe l'obbligo di restituire le somme ad opera dell'Ufficio entro il termine di venti giorni dalla data di sottoscrizione dell'accordo di mediazione.

ancora dovuto e una sanzione pari al 60% delle somme ancora dovute.

E' concesso dall'Ufficio un margine di errore al contribuente, qualora le somme versate siano lievemente inferiori a quelle dovute, che anche oltre il termine di legge abbia successivamente sanato l'errore, oppure nel caso di lieve ritardo nel versamento della rata o di altre minime irregolarità.

In ultimo, per quanto riguarda l'effettivo pagamento delle somme da versare:

- l'Agenzia delle Entrate con provvedimento del 22 marzo 2012 ha esteso l'utilizzo del modello F24 anche al procedimento di reclamo e mediazione[54];
- con successiva risoluzione del 19 aprile 2012 n.37 ha istituito i codici tributo[55] per pagare le somme dovute per i tributi derivanti dagli atti oggetto del nuovo istituto .

---

[54] Il Provvedimento del 22 marzo 2012 dell'Agenzia delle Entrate prevede che: *"Il modello F24 è utilizzato per il pagamento delle somme dovute a seguito di :*
a) transazione fiscale ai sensi dell'articolo 182-ter del R.D. 16 marzo 1942, n. 267;
b) reclamo e mediazione ai sensi dell'articolo 17-bis, del decreto legislativo 31 dicembre 1992, n. 546, introdotto dall'articolo 39, comma 9, del decreto legge 6 luglio, n. 98, convertito, con modificazioni, dalla legge 15 luglio 2011, n. 111".

[55] Vedi tabella alla fine.

Costituzione in giudizio

Come abbiamo precedente detto, a seguito del perfezionamento, la mediazione non è impugnabile in quanto viene meno l'interesse ad agire in giudizio: l'eventuale ricorso sarebbe inammissibile. Da ciò deriva che in assenza del versamento integrale delle somme dovute, ovvero della prima rata in caso di pagamento rateale, la mediazione non si perfeziona e l'atto originario, avverso il quale il contribuente ha proposto l'istanza, continua a produrre effetti. Conseguentemente, il contribuente può decidere di:

- desistere dal contenzioso; in tal caso, decorso il termine di cui all'articolo 22 del Decreto Legislativo n. 546 del 1992, l'atto oggetto di istanza diviene definitivo e le somme richieste potranno essere oggetto di riscossione da parte di Equitalia;
- decidere di introdurre un giudizio ai sensi dell'articolo 22 del Decreto Legislativo n. 546 del 1992.

Fermo restando che la prima ipotesi richiede quindi l'inerzia del contribuente, passiamo ad occuparci della seconda ipotesi suddetta.

La decisione di introdurre un giudizio ai sensi dell'articolo 22^{56} del Decreto Legislativo n.546 del 1992 viene concessa dal comma 9 dell'articolo 17-*bis* del medesimo decreto, cui è necessario rinviare nel momento in cui il reclamo produce gli effetti del ricorso, il quale stabilisce che *"Decorsi novanta giorni senza che sia stato notificato l'accoglimento del*

---

[56] Articolo 22: Costituzione in giudizio del ricorrente
1. *Il ricorrente, entro trenta giorni dalla proposizione del ricorso, a pena d'inammissibilità deposita, nella segreteria della commissione tributaria adita, o trasmette a mezzo posta, in plico raccomandato senza busta con avviso di ricevimento, l'originale del ricorso notificato a norma degli articoli 137 e seguenti del codice di procedura civile ovvero copia del ricorso consegnato o spedito per posta, con fotocopia della ricevuta di deposito o della spedizione per raccomandata a mezzo del servizio postale. All'atto della costituzione in giudizio, il ricorrente deve depositare la nota di iscrizione al ruolo, contenente l'indicazione delle parti, del difensore che si costituisce, dell'atto impugnato, della materia del contendere, del valore della controversia e della data di notificazione del ricorso.*
2. *L'inammissibilità del ricorso è rilevabile d'ufficio in ogni stato e grado del giudizio, anche se la parte resistente si costituisce a norma dell'articolo seguente.*
3. *In caso di consegna o spedizione a mezzo di servizio postale la conformità dell'atto depositato a quello consegnato o spedito è attestata conforme dallo stesso ricorrente. Se l'atto depositato nella segreteria della commissione non è conforme a quello consegnato o spedito alla parte nei cui confronti il ricorso è proposto, il ricorso è inammissibile e si applica il comma precedente.*
4. *Unitamente al ricorso ed ai documenti previsti al comma 1, il ricorrente deposita il proprio fascicolo, con l'originale o la fotocopia dell'atto impugnato, se notificato, ed i documenti che produce, in originale o fotocopia.*
5. *Ove sorgano contestazioni il giudice tributario ordina l'esibizione degli originali degli atti e documenti di cui ai precedenti commi.*

reclamo o senza che sia stata conclusa la mediazione, il reclamo produce gli effetti del ricorso. I termini di cui agli articoli 22 e 23 decorrono dalla predetta data. Se l'Agenzia delle Entrate respinge il reclamo in data antecedente, i predetti termini decorrono dal ricevimento del diniego. In caso di accoglimento parziale del reclamo, i predetti termini decorrono dalla notificazione dell'atto di accoglimento parziale".

La norma prevede che la costituzione in giudizio debba avvenire:

- entro trenta giorni dalla proposizione del ricorso a pena di inammissibilità;
- mediante deposito, a mano o con spedizione a mezzo posta in plico raccomandato senza busta chiusa con avviso di ricevimento, in Commissione tributaria:
  - del ricorso in originale[57] oppure in copia conforme se consegnato[58] o spedito a mezzo posta[59] alla controparte;

---

[57] Qualora il reclamo/ricorso sia stato notificato a mezzo ufficiale giudiziario.

[58] Qualora il reclamo/ricorso sia stato notificato direttamente di persona va allegata anche la fotocopia della ricevuta di deposito.

- del fascicolo contenente l'atto impugnato ed i documenti da produrre in allegato e citati nell'atto;
- la nota di iscrizione a ruolo con applicata o allegata la prova del versamento del contributo unificato.

Bisogna però cercare di capire come la norma prevista dall'articolo 22 del Decreto Legislativo n.546 del 1992 si coordina con il procedimento di reclamo. La Circolare n. 9/E del 19 marzo 2012 dell'Agenzia delle Entrate specifica che il termine previsto per la costituzione in giudizio del reclamante decorre dal giorno successivo:

- a quello di compimento dei novanta giorni dal ricevimento dell'istanza da parte della Direzione, qualora non sia stato notificato il provvedimento di accoglimento della stessa ovvero non sia stato formalizzato l'accordo di mediazione;
- a quello di notificazione del provvedimento con il quale l'Ufficio respinge l'istanza prima del decorso dei predetti novanta giorni;

---

[59] Qualora il reclamo/ricorso sia stato notificato a mezzo posta va allegata anche la fotocopia della ricevuta di spedizione.

- a quello di notificazione del provvedimento con il quale l'Ufficio, prima del decorso di novanta giorni, accoglie parzialmente l'istanza;

- in presenza di non perfezionamento della mediazione il termine comincia a decorrere o passati i venti giorni per il pagamento o comunque dal giorno successivo al compimento dei novanta giorni.

Una volta verificata la costituzione in giudizio del contribuente, l'Ufficio procede a sua volta a costituirsi in giudizio, richiamando i termini e le modalità indicate nell'articolo 23[60] del Decreto Legislativo n.546 del 1992. In base a tale normativa, l'Ufficio dovrà costituirsi in giudizio:

---

[60] Articolo 23: Costituzione in giudizio della parte resistente
1. *L'ufficio del Ministero delle finanze, l'ente locale o il concessionario del servizio di riscossione nei cui confronti è stato proposto il ricorso si costituiscono in giudizio entro sessanta giorni dal giorno in cui il ricorso è stato notificato, consegnato o ricevuto a mezzo del servizio postale.*
2. *La costituzione della parte resistente è fatta mediante deposito presso la segreteria della commissione adita del proprio fascicolo contenente le controdeduzioni in tante copie quante sono le parti in giudizio e i documenti offerti in comunicazione.*
3. *Nelle controdeduzioni la parte resistente espone le sue difese prendendo posizione sui motivi dedotti dal ricorrente e indica le prove di cui intende valersi, proponendo altresì le eccezioni processuali e di merito che non siano rilevabili d'ufficio e instando, se del caso, per la chiamata di terzi in causa.*

- entro sessanta[61] giorni dalla notifica del ricorso;

- depositando il proprio fascicolo contenente le controdeduzioni con tutti i documenti allegati.

Dopo quindi essersi costituiti in giudizio contribuente e fisco, il processo segue il suo corso, secondo gli schemi ordinari previsti dal Decreto Legislativo n.546 del 1992. Pertanto, il reclamo viene iscritto a ruolo, il presidente lo esamina e, se non vi sono cause di inammissibilità[62] manifeste, fissa l'udienza di discussione.

---

[61] Tali sessanta giorni decorrono analogamente a quanto è previsto per la costituzione in giudizio del reclamante.

[62] Possono dar luogo all'inammissibilità del ricorso in sede di esame preliminare:
- la mancata indicazione nel ricorso di uno degli elementi previsti dall'articolo 18 del Decreto Legislativo n.546 del 1992;
- il mancato rispetto dei termini per la proposizione del ricorso;
- il mancato rispetto dei termini per la costituzione in giudizio ai sensi dell'articolo 22 del Decreto Legislativo n.546 del 1992;
- l'utilizzo di forme di notifica del ricorso non previste dalla legge.

Spese processuali

Il comma 10[63] dell'articolo 17-bis del Decreto Legislativo n.546 del 1992 prevede una particolare disciplina costituendo un efficace deterrente a sottovalutare la funzione deflattiva del contenzioso assolta dal procedimento di mediazione.
Infatti, in sede di pronuncia della sentenza conclusiva del giudizio la Commissione Tributaria provinciale è previsto che:
- il soccombente è tenuto a corrispondere all'altra parte a titolo di rimborso spese del procedimento di reclamo e mediazione una somma forfettaria, pari al cinquanta per cento delle spese di lite in caso di sentenza sfavorevole;
- fuori dai casi di reciproca soccombenza i giudici possono compensare parzialmente o per intero le spese di liti motivando la decisione con riferimento ai motivi

---

[63] Il comma 10 dell'articolo 17-bis del Decreto Legislativo n.546 del 1992 prevede che *"la parte soccombente è condannata a rimborsare, in aggiunta alle spese di giudizio, una somma pari al 50 per cento delle spese di giudizio a titolo di rimborso delle spese del procedimento disciplinato dal presente articolo. Nelle medesime controversie, fuori dei casi di soccombenza reciproca, la commissione tributaria, può compensare parzialmente o per intero le spese tra le parti solo se ricorrono giusti motivi, esplicitamente indicati nella motivazione, che hanno indotto la parte soccombente a disattendere la proposta di mediazione"*.

ai quali il soccombente ha fatto appello disattendendo la proposta di mediazione.

CAPITOLO 5

RAPPORTO RECLAMO E AUTOTUTELA

Il reclamo contenente la richiesta all'Agenzia delle Entrate di annullamento totale o parziale dell'atto presenta parecchie analogie con l'autotutela: entrambi sono diretti ad ottenere il ritiro, in via amministrativa, di un atto impositivo ritenuto illegittimo o infondato; ma mentre il reclamo riguarda atti di valore non superiore a 20.000 euro emessi dall'Agenzia delle Entrate[64] e contestati dal contribuente, nel caso in cui l'Amministrazione finanziaria riconosca l'illegittimità o l'infondatezza dell'atto e l'esistenza di un interesse pubblico al suo annullamento, può e deve procedere ad un'autotutela indipendentemente dall'importo della pretesa impositiva a suo

---

[64] Va ribadito che in presenza di tali atti il contribuente è obbligato a presentare reclamo, non potendo immediatamente presentare ricorso, che sarebbe dichiarato inammissibile.

tempo manifestata e dalla formulazione di un'istanza del contribuente.

Nel caso di atto emesso dall'Agenzia delle Entrate di valore non superiore a 20.000 euro, i due istituti finiscono, dunque, per sovrapporsi, mentre per gli atti di valore superiore solo l'istanza di autotutela può prevenire l'instaurazione del contenzioso, svolgere dunque una funzione analoga a quella che il Legislatore ha attribuito al reclamo.

Difficilmente l'Amministrazione finanziaria annulla l'atto entro il termine di proposizione del ricorso, per cui il contribuente, per evitare la definitività dell'atto, deve presentare non solo l'istanza diretta a sollecitare l'autotutela dall'Amministrazione finanziaria, ma anche il ricorso alla Commissione tributaria provinciale.

Infatti, mentre il reclamo sospende il termine di proposizione del ricorso per 90 giorni o per il minor periodo entro il quale l'Agenzia delle Entrate decide di respingerlo o di accoglierlo parzialmente, l'autotutela non produce la sospensione del termine per ricorrere e pertanto il contribuente è costretto a proporre ricorso nel termine di decadenza per evitare che la pretesa impositiva diventi definitiva.

Rapporto Reclamo e Conciliazione Giudiziale

Come abbiamo largamente esposto nella trattazione, nel procedimento di mediazione si applicano le disposizioni sulla conciliazione giudiziale di cui all'articolo 48 del Decreto Legislativo n. 546 del 1992 *in quanto compatibili*. Se la mediazione avrà esito positivo, l'Ufficio e il contribuente provvederanno a redigere un atto contenente gli estremi e le motivazioni dell'accordo. Il contribuente dovrà poi, effettuare il versamento di quanto previsto nell'accordo di mediazione per perfezionare l'atto beneficiando della riduzione al 40% delle sanzioni *"irrogabili in rapporto all'ammontare del tributo risultante dalla conciliazione*[65]*"*.

Se il reclamo viene respinto o la mediazione non si conclude positivamente, il contribuente si costituisce in giudizio e inizia il processo vero e proprio, nel corso del quale è preclusa la possibilità di esperire la conciliazione giudiziale. Questo è dovuto dal fatto che come abbiamo visto ci sono parecchie analogie tra la *mediazione tributaria* e la conciliazione giudiziale.

---

[65] Cfr. articolo 48, comma 6 del Decreto Legislativo n. 546 del 1992.

Rapporto Reclamo e Accertamento con Adesione

La *mediazione tributaria* risulta compatibile con gli altri istituti deflattivi previsti dal nostro ordinamento tributario e, in particolare, con l'accertamento con adesione. Mentre, però, l'accertamento con adesione è caratterizzato dal contraddittorio fra le parti, l'art. 17-*bis* del Decreto Legislativo n. 546 del 1992 non richiede obbligatoriamente la convocazione del contribuente presso l'Ufficio per consentirgli di discutere la pretesa tributaria, per cui il contraddittorio tra le parti, nell'ambito della mediazione, costituisce non un obbligo ma una possibilità.

Quando il contribuente conclude un accordo utilizzando l'istituto dell'accertamento con adesione, la controversia viene definita e il contribuente gode degli effetti premiali connessi, in particolare beneficia della riduzione a un terzo e, talora, a un sesto del carico sanzionatorio; se, invece, la procedura non dà esito positivo, il contribuente che intende far valere le proprie ragioni in sede giudiziaria è obbligato (ricordando sempre il limite dei 20.000 euro) a presentare il reclamo.

La presentazione dell'istanza di accertamento con adesione rileva ai fini della decorrenza del termine per la presentazione del reclamo, dato che esso si riporta all'articolo 21 del Decreto Legislativo n. 546 del 1992.

Qui di seguito, viene esposta una pratica tabella al fine di poter cogliere immediatamente le analogie e differenze tra i vari istituti:

| | ISTITUTI DEFLATTIVI DEL CONTENZIOSO ||||
	Autotutela	*Accertamento con adesione*	*Conciliazione Giudiziaria*	*Mediazione Tributaria*
Ambito Temporale	Dopo l'emissione dell'atto	Dopo la verifica o la notifica dell'avviso	In sede di contenzioso	Dopo la notifica dell'atto
Riduzione Sanzioni	Possibile 100%	1/3	40%	40%
Note	Nel caso di annullamento totale dell'atto riduzione del 100% delle sanzioni; nel caso di annullamento parziale, la % di riduzione sarà commisurata alla riduzione delle imposte definite in autotutela.		40% delle somme irrogabili in rapporto all'ammontare del tributo risultante dalla conciliazione; in ogni caso, non inferiore al 40% dei minimi edittali previsti per le violazioni più gravi relative a ciascun tributo.	40% delle somme irrogabili in rapporto all'ammontare del tributo risultante dalla proposta di mediazione; in ogni caso, non inferiore al 40% dei minimi edittali previsti per le violazioni più gravi relative a ciascun tributo.

Considerazioni Conclusive

L'istituto del reclamo/mediazione di cui al nuovo articolo 17-*bis* del Decreto Legislativo n.546 del 1992 costituisce un istituto ibrido che tende ad evitare l'instaurazione del processo tributario, attraverso la definizione, in via amministrativa, della potenziale controversia sull'atto impositivo. Il compito di mediatore però viene affidato non ad un soggetto terzo e indipendente, ma a una struttura della stessa Agenzia delle Entrate, ciò quindi sembra essere un elemento di incostituzionalità.

Se l'esito è positivo, il rapporto si chiude, se è negativo, si instaurerà il normale processo tributario, con tutte le garanzie proprie della giurisdizione[66].

Gli istituti ai quali il reclamo/mediazione più si avvicina sono l'autotutela e la conciliazione giudiziale. Nel primo caso,

---

[66] Con l'esclusione della conciliazione giudiziale prevista all'articolo 48 del Decreto Legislativo n. 546 del 1992 che si ritiene superflua in presenza di una mediazione fallita.

entrambe le procedure sono dirette ad ottenere dalla Amministrazione finanziaria un provvedimento di annullamento, totale o parziale, dell'atto ritenuto dal contribuente illegittimo o infondato; nel secondo caso, l'utilizzo nella *mediazione tributaria* delle disposizioni[67], compatibili, della conciliazione giudiziale porta ad un tentativo di transazione, totale o parziale, della controversia che sono nella sostanza coincidenti. Un sicuro effetto derivante dall'applicazione dell'articolo17-bis è quello di una vera e propria preclusione alla possibilità per il contribuente di un ricorso diretto visto l'obbligatorietà dell'istituto per le cause di valore inferiore ai 20.000 euro. Non sempre la *mediazione tributaria* assicura i vantaggi degli altri istituti deflativi, a cominciare dalle sanzioni, anzi talvolta è possibile un aggravio di spese a carico del contribuente anche in caso di esito positivo della procedura; infine, non assicura quel contraddittorio[68] fra le parti che dovrebbe essere ormai sempre assicurato.

---

[67] Rinvio fatto nell'articolo 17-*bis* del Decreto Legislativo n. 546 del 1992 all'articolo 48 del medesimo decreto.

[68] Cfr. Sentenza 18 dicembre 2008, C-349/07, secondo la quale *"la regola, secondo cui il destinatario di una decisione ad esso lesiva deve essere messo in condizioni di far valere le proprie osservazioni prima che la*

In conclusione, si può comunque affermare che l'obbligo di rispondere all'istanza e la simulazione in Ufficio del rito processuale introducono, in sede amministrativa, il dialogo sistematico con il contribuente. Il confronto dialettico andrà a ridurre i rinvii alla fase giurisdizionale, consentendo di rifondare su nuove basi il rapporto con i contribuenti. Il nuovo istituto renderà un servizio utile ai contribuenti, i quali potranno addurre le proprie ragioni e definire sollecitamente, nell'interesse anche dell'Amministrazione, il rapporto in sede di mediazione senza dover scontare le lungaggini e gli oneri del contenzioso.

---

stessa sia adottata, ha lo scopo di mettere l'autorità competente in grado di tener conto di tutti gli elementi del caso".

Tabella dei codici tributo da utilizzare nel modello di pagamento F24

Codice ufficio	Codice atto	Codice tributo	Denominazione codice tributo	Rateazione/Regione/Prov/ mese riferimento	Anno di riferimento
COMPILARE	COMPILARE	9950	IRPEF e relativi interessi – reclamo e mediazione di cui all'art. 17-bis d.lgs. 546/1992	NON COMPILARE	AAAA
COMPILARE	COMPILARE	9951	IRES e relativi interessi – reclamo e mediazione di cui all'art. 17-bis d.lgs. 546/1993	NON COMPILARE	AAAA
COMPILARE	COMPILARE	9952	Altre imposte dirette e sostitutive e relativi interessi - reclamo e mediazione di cui all'art.17-bis d.lgs. 546/1992	NON COMPILARE	AAAA
COMPILARE	COMPILARE	9953	Iva e relativi interessi - reclamo e mediazione di cui all'art.17-bis d.lgs.546/1992	NON COMPILARE	AAAA
COMPILARE	COMPILARE	9954	Sanzioni dovute relative ai tributi erariali - reclamo e mediazione di cui all'art.17-bis d.lgs.546/1992	NON COMPILARE	AAAA
COMPILARE	COMPILARE	9955	IRAP e relativi interessi – reclamo e mediazione di cui all'art. 17-bis d.lgs. 546/1992	CODICE REGIONE (tabella T0 - codici delle Regioni e delle Province autonome)	AAAA
COMPILARE	COMPILARE	9956	Sanzioni dovute relative all'IRAP - reclamo e mediazione di cui all'art.17-bis d.lgs.546/1992	CODICE REGIONE (tabella T0 - codici delle Regioni e delle Province autonome)	AAAA
COMPILARE	COMPILARE	9957	Addizionale regionale all'IRPEF e relativi interessi – reclamo e mediazione di cui all'art. 17-bis d.lgs. 546/1992	CODICE REGIONE (tabella T0 - codici delle Regioni e delle Province autonome)	AAAA

COMPILARE	COMPILARE	9958	Sanzioni dovute relative all'addizionale regionale all'IRPEF e relativi interessi – reclamo e mediazione di cui all'art. 17-bis d.lgs.546/1992	CODICE REGIONE (tabella T0 - codici delle Regioni e delle Province autonome)	AAAA
COMPILARE	COMPILARE	9959	Addizionale comunale all'IRPEF e relativi interessi – reclamo e mediazione di cui all'art. 17-bis d.lgs. 546/1992	CODICE REGIONE (tabella T0 - codici delle Regioni e delle Province autonome)	AAAA
COMPILARE	COMPILARE	9960	Sanzioni dovute relative all'addizionale comunale all'IRPEF – reclamo e mediazione di cui all'art. 17-bis d.lgs. 546/1992	CODICE REGIONE (tabella T0 - codici delle Regioni e delle Province autonome)	AAAA
COMPILARE	COMPILARE	9961	Imposta di bollo e relativi interessi – reclamo e mediazione di cui all'art. 17-bis d.lgs. 546/1992	NON COMPILARE	AAAA
COMPILARE	COMPILARE	9962	Imposta di registro e relativi interessi – reclamo e mediazione di cui all'art. 17-bis d.lgs. 546/1992	NON COMPILARE	AAAA
COMPILARE	COMPILARE	9963	Imposta sulle successioni e donazioni e relativi interessi – reclamo e mediazione di cui all'art. 17-bis d.lgs. 546/1992	NON COMPILARE	AAAA
COMPILARE	COMPILARE	9964	Imposta ipotecaria e relativi interessi – reclamo e mediazione di cui all'art. 17-bis d.lgs. 546/1992	NON COMPILARE	AAAA
COMPILARE	COMPILARE	9965	Imposta catastale e relativi interessi – reclamo e mediazione di cui all'art. 17-bis d.lgs. 546/1992	NON COMPILARE	AAAA

COMPILARE	COMPILARE	9966	Imposta sostitutiva delle imposte ipotecaria e catastale sui contratti di locazione finanziaria di immobili e relativi interessi – reclamo e mediazione di cui all'art. 17-bis d.lgs. 546/1992	NON COMPILARE	AAAA
COMPILARE	COMPILARE	9967	Tassa ipotecaria e relativi interessi – reclamo e mediazione di cui all'art. 17-bis d.lgs. 546/1992	NON COMPILARE	AAAA
COMPILARE	COMPILARE	9968	Tassa sulle concessioni governative e relativi interessi – reclamo e mediazione di cui all'art. 17-bis d.lgs. 546/1992	NON COMPILARE	AAAA
COMPILARE	COMPILARE	9969	Sanzioni dovute relative ad altri tributi erariali indiretti – reclamo e mediazione di cui all'art. 17-bis d.lgs. 546/1992	NON COMPILARE	AAAA

Si precisa che i campi "codice ufficio", "codice atto", "codice tributo" e "anno di riferimento" sono valorizzati con le informazioni riportate nell'atto di mediazione; inoltre per il versamento delle eventuali spese di notifica va utilizzato il codice tributo 9400.

Verrà adesso proposto un *fac simile di istanza* così come da schema proposto dalla Circolare 9/E dell'Agenzia delle Entrate.

fac-simile istanza

COMMISSIONE TRIBUTARIA PROVINCIALE DI _____

RICORSO CON ISTANZA
ai sensi dell'art. 17-bis del D. Lgs. n. 546/92

proposto dal Sig. _____

avente C.F. _____ e avente domicilio fiscale in via _____

città _____ Provincia _____,

PEC:_____,

telefono_____, fax _____,

posta elettronica ordinaria: _____.

(riportare dati identificativi difensore eventualmente nominato con relativi C.F. e PEC, domicilio eletto, ecc.)

contro

Agenzia delle Entrate – Direzione Provinciale/Regionale di _____, con sede in _____, in persona del Direttore pro tempore,

in relazione

a _____ (avviso di accertamento, iscrizione a ruolo, diniego di rimborso, ecc.) n. _____ notificato in data __/__/___, emesso dall'Agenzia delle Entrate – Direzione Provinciale/Regionale di _____

per far valere i fatti, i motivi e le richieste di seguito riportati

FATTO

_____
_____

MOTIVI

_____
_____

Per tutti questi motivi,   CHIEDE

a codesta Commissione tributaria provinciale, di voler
_____.

Si dichiara che il valore della presente lite, ai fini del contributo unificato di cui al DPR n. 115/02, è di _____ euro.

Luogo e data_____ Firma _____

****

ISTANZA
ai sensi dell'art. 17-bis del D. Lgs. n. 546/92

Il contribuente, Sig. _____,
come prima rappresentato, sulla base dei fatti e dei motivi sopra evidenziati

CHIEDE

che l'Agenzia delle Entrate – Direzione Provinciale/Regionale di _____, in alternativa al deposito del ricorso che precede presso la Commissione tributaria provinciale, accolga in via amministrativa le richieste nel medesimo ricorso formulate. Valore ai fini dell'art. 17-bis del D. Lgs. n. 546/92: _____ euro.

[segue parte eventuale]

Formula altresì proposta di mediazione fondata sui seguenti

MOTIVI

1) _____
2) _____

Per quanto motivato, la pretesa verrebbe ad essere così rideterminata:

Imposta: euro _____; Interessi: euro _____;

Sanzioni: euro _____;
Comunica in ogni caso la sua disponibilità a valutare in contraddittorio la mediazione della controversia. Per l'invito al contraddittorio, le comunicazioni e le notificazioni relative al presente procedimento, si indicano uno o più dei seguenti recapiti:

- via _____,
  città _____,

- PEC: _____,

- telefono _____,

- fax _____,

- posta elettronica ordinaria: _____.

Si allegano i seguenti documenti, richiamati nel ricorso:

1) _____
2) _____
3) _____

Luogo e data_____   Firma_____

Procura speciale (eventuale)

Delego a rappresentarmi e difendermi nel presente procedimento, in ogni sua fase, stato e grado, _____, con ogni facoltà di legge, incluse quelle di proporre reclamo e di mediare ai sensi dell'art. 17-bis del D. Lgs. n. 546/92, trattare, comporre, conciliare, transigere, rinunciare agli atti e accettare rinunzie, farsi sostituire. Eleggo domicilio, anche per le notificazioni relative al procedimento di reclamo e mediazione_____.

Luogo e data _____

BIBLIOGRAFIA

BASILAVECCHIA M. - Atti reclamabili e valore della lite, in Le Guide Il Fisco maggio 2012

BASILAVECCHIA M. - Dal reclamo al processo, in Corriere Tributario n.12/2012

BASILAVECCHIA M. - Reclamo, mediazione fiscale e definizione delle liti pendenti, in Corriere Tributario n.31/2011

BRUZZONE M. – Il contenuto del reclamo-ricorso, in Le Guide Il Fisco maggio 2012

BRUZZONE M. - L'anticipazione dei motivi dal ricorso al reclamo, in in Corriere Tributario n.10/2012

BUSA V. - Le nuove prospettive della mediazione tributaria, in Corriere Tributario n.11/2012

BUSICO M. - L'ambito di operatività del reclamo e della mediazione: i limiti oggettivi, soggettivi e quantitativi, in Corriere Tributario n.10/2012

CARINCI A. - La riscossione provvisoria e l'acquiescenza dopo l'introduzione del reclamo, in Corriere Tributario n.11/2012

CANTILLO G. - Il reclamo e la mediazione tributaria: prime riflessioni sul nuovo art. 17-bis del D. Lgs. n. 546/1992, in Il Fisco n.31/2011

CANTILLO G. – Natura giuridica del procedimento di reclamo, in Le Guide Il Fisco maggio 2012

CASTIGLIOLO M., PUTINATI D. – Fase di mediazione, in Le Guide Il Fisco maggio 2012

CISSELLO A. - Reclamo e mediazione: decorrenza e limite dei 20.000,00 euro, in Il Fisco n. 12/2012

CISSELLO A. - Reclamo e mediazione: il procedimento e la stesura dell'atto, in Il Fisco n. 13/2012

CISSELLO A. - Reclamo e mediazione: tutela cautelare e litisconsorzio, in Il Fisco n. 14/2012

CISSELLO A. – Ricorso/Reclamo avverso i dinieghi di rimborso, in Le Guide Il Fisco maggio 2012

DULCAMARE V. – Valore della lite e obbligo di assistenza tecnica, in Corriere Tributario n.38/1997

GLENDI C. – Tutela Cautelare e mediazione tributaria, in Corriere Tributario n.12/2012

GRAZIANO F. - Le spese generali e i diritti di avvocato nel processo tributario, in Corriere Tributario n.45/2011

GUIDARA A. – La mediazione nel diritto tributario: una prima e parziale lettura sistematica delle disposizioni, in Dialoghi di Diritto Tributario n.1/2012

GUIDARA A. e STEFANATO D. - Mediazione fiscale: un provvedimento improvvisato su una strada giusta, in Dialoghi Tributari n.1/2012

LIBURDI D. - I nuovi istituti del reclamo e della mediazione tributaria, in Il Fisco n.14/2012

LUNELLI R. – Reclamo: rapporti con gli altri istituti deflativi del contenzioso, in Guida ai controlli Fiscali n.11/2011

MARRONE F. – Costituzione in giudizio del contribuente e dell'Agenzia delle Entrate, in Le Guide Il Fisco maggio 2012

MARINI G. - Profili costituzionali del reclamo e della mediazione, in Corriere Tributario n.12/2012

NOCERA C. – Effetti del mancato perfezionamento della mediazione, in Le Guide Il Fisco maggio 2012

NOCERA C. - Reclamo e mediazione nel processo tributario dal 1° aprile 2012, in Il Fisco n.8/2012

NOCERA C. – Termini per la notifica del reclamo e della fase di mediazione, in Le Guide Il Fisco maggio 2012

PISTOLESI F. – Il reclamo e la mediazione nel processo tributario, in Rassegna Tributaria n.1/2012

RENDA A. – Il reclamo per i dinieghi di rimborso, atti sanzionatori e atti impoesattivi, in Corriere Tributario n.10/2012

RENZINI S. - L'obbligo della mediazione come atto propedeutico al contenzioso tributario, in Gazzetta Amministrativa n.4/2011

RUSSO A. - Legittimità costituzionale del reclamo e della mediazione nel processo tributario, in Il Fisco n.30/2011

SCUFFI M. - Gli istituti deflattivi del contenzioso tributario secondo la Manovra correttiva del 2011, in Il Fisco n. 47/2011

SEPIO G. - La proposta di mediazione da parte del contribuente e i limiti del reclamo, in Corriere Tributario n.11/2012

SITOGRAFIA

BADANO F. R. - Il reclamo e la mediazione fiscale per diminuire la conflittualità, in www.fiscooggi.it

BARUSCO S. – Con il reclamo, si pone il problema del termine per il versamento spontaneo, in Il quotidiano del Commercialista del 15/03/2012

COSTA G. - Mediazione, pratiche con rating, in Il Sole 24 Ore

FANELLI R. - Con la mediazione tributaria accelera il dialogo fisco-contribuente, in Osservatorio Mediazione Wolters Kluwer Italia

IL SOLE 24 ORE - Mediazione e reclamo nel contenzioso fiscale

FAZZINI S. - Il nuovo istituto riguarda gli atti ricevuti dal contribuente a decorrere dal prossimo 1° aprile: rileva la data in cui la notifica si perfeziona per il destinatario, in www.fiscooggi.it

LEMBO M. - L'istanza deve contenere le ragioni volte all'annullamento totale o parziale dell'atto e indicare gli elementi di fatto e di diritto sulla base dei quali si fonda la richiesta, in www.fiscooggi.it

NOCERA C. – Difficile coordinamento tra reclamo e riscossione concentrata, in Il quotidiano del Commercialista del 16/03/2012

LORO A. - Se l'istanza è improponibile, i 30 giorni per costituirsi in giudizio decorrono dalla presentazione del "ricorso con istanza", ossia dalla sua notifica alla direzione competente, in www.fiscooggi.it

MOBILI M. - Mediazione con sconto al 40%, in Il Sole 24 ore

MORRONE R. - Il confronto dialettico, finalizzato al raggiungimento di soluzioni condivise, consentirà di concentrare le energie processuali solo sulle controversie di maggiore rilevanza, in www.fiscooggi.it

PIANTEDOSI P. - Reclamo e mediazione nel processo tributario, in www.solmap.it

PUCCIO L. - La tentata soluzione della mediazione tributaria, in Osservatorio Mediazione Wolters Kluwer Italia

VINCIARELLI F. - La nuova mediazione tributaria, in www.pmi.it

PRASSI

Agenzia delle Entrate - Circolare n.9/E

Agenzia delle Entrate - Circolare n.22/E

Agenzia delle Entrate - Provvedimento del 22 marzo 2012

Decreto del Presidente della Repubblica n.633 del 1972

Decreto del Presidente della Repubblica n.600 del 1973

Decreto Legislativo n.546 del 1992

Decreto Legislativo n.218 del 1997

www.ingramcontent.com/pod-product-compliance
Lightning Source LLC
Chambersburg PA
CBHW060858170526
45158CB00001B/401